BEERE BLATT UND BAUM

BEERE

IMPRESSIONEN IN GRÜN

BLATT

ETHNE CLARKE

UND

MIT FOTOGRAFIEN VON CLIVE NICHOLS

BAUM

CALLWEY

Alle Anleitungen für dieses Buch wurden sorgfältig zusammengestellt und geprüft; eine Haftung kann dennoch nicht übernommen werden. Im Buch werden auch Pflanzen vorgestellt, die klimatisch bedingt nicht überall vorkommen. Der Verlag empfiehlt deshalb, wegen der Standortverträglichkeit und Winterhärte den Gärtner am Ort zu konsultieren.

Die Originalausgabe erschien 1996 unter dem Titel
Leaf, bark and berry – foliage plants for texture and form
im Verlag David & Charles, Newton Abbot, Devon, England

Übersetzung aus dem Englischen von Bärbel Baeseler, Börm

Die Deutsche Bibliothek – CIP-Einheitsaufnahme
Beere, Blatt und Baum : Impressionen in Grün / Ethne Clarke. Mit Fotogr. von Clive Nichols. [Übers. aus dem Engl. von Bärbel Baeseler. Hrsg.: Michael Whitehead. Zeichn.: Diana Leadbetter]. – München : Callwey, 1997
Einheitssacht.: Leaf, bark and berry <dt.>
ISBN 3-7667-1276-4 Gb.

Gestaltung Michael Whitehead
Fotografien Clive Nichols (mit Ausnahme der im Bildnachweis auf S. 158 genannten Bilder)
Illustrationen Diana Leadbetter

Druck und Bindung Butler & Tanner, Frome
Printed in England

ISBN 3 7667 1276 4

INHALT

Vorwort

Als ich meine Liebe zum Garten entdeckte, waren Laub und Blätter für mich noch nicht sehr wichtig. Die Blütenfarben standen im Mittelpunkt – ich verbrachte viele Stunden damit, die prächtigsten Farben zusammenzustellen; leider blieb es meist bei der Planung, die Umsetzung im Garten fand nur selten statt. Das lag daran, daß ich eigentlich lieber eine bestimmte Pflanze haben wollte und nicht ein ganzes Dutzend Pflanzen gleicher Farbe. Jedenfalls gab ich es bald auf, Pflanzen so zu arrangieren, daß ganzjährig immer etwas Interessantes zu sehen war – dieser Anspruch überstieg meine Fähigkeiten.

Der „Stream Garden" von Hidcote, England, öffnete mir schließlich die Augen. Dieser Teil des wunderschönen Gartens liegt sehr tief; der kleine Bach ist fast vollständig von unterschiedlichsten Blättern verdeckt. Die Kontraste der Blattformen und Texturen bei diesen feuchtigkeitsliebenden Pflanzen faszinierten mich mehr als die prächtigste Blumenrabatte. Den Hintergrund bildeten exakt geschnittene Hecken, und plötzlich sah ich die ganze Komposition vor mir – in verschiedensten Farbtönen – von Grün und kühlem Silber bis zu dunklem Purpur, Braun und Rot.

Laub ist die Leinwand, auf der wir unsere Gartenbilder malen. Das Grün bildet den perfekten Hintergrund für die Farben der Blumen. Die Kontraste von Formen und Texturen schaffen einen harmonischen Übergang vom Garten zur natürlichen Landschaft.

Die viel gerühmten Anlagen der Garten-Designerin Beth Chatto auf der Chelsea Flower Show 1987 beeinflußten mich ebenfalls stark. Beth Chatto vertritt die Ansicht, eine Bepflanzung solle sich der Umgebung, dem Standort und den Bedingungen anpassen, und man sollte darauf verzichten, etwa den Boden zu verändern, um bestimmte Pflanzen ansiedeln zu können. Ihre Kompositionen sind so ausgewogen wie ein gutes Gemälde, die Wirkung ist aber sehr natürlich und ungezwungen. In ihrem Garten in Elmstead Market, Essex, wird dieses Konzept besonders deutlich – oft habe ich diesen Garten besucht, um ihre Ideen und Vorgehensweisen auf mein neues Grundstück mitten in Norfolk anzuwenden. Wenn Sie keine Gelegenheit haben, diesen Garten zu besuchen, können Sie viele nützliche Hinweise in ihrem Buch *The Green Tapestry* finden.

Auch Pipa Rakusen und ihr wunderschöner Garten „Lyng Beeches" bei Leeds überzeugten mich davon, wie faszinierend ein Waldgarten sein kann; sie hat mir sehr geholfen – mit nützlichen Hinweisen und vielen Ablegern, Pflanzen und Samen. Sie glaubte, daß ich ihre Ratschläge beherzigen würde und ihre Pflanzen ein gutes Zuhause finden würden – was für ein Vertrauen! Ihr Buch *Foliage and Form Throughout the Year* war von Beginn an mein Begleiter; es kann bei der Northern Horticultural Society in Harlow Carr, Harrogate, bestellt werden. (Die Gärten dort sind ebenfalls einen Besuch wert.)

Auf einer Reise durch Texas sah ich mir „Peckerwood Gardens" an. Diese Gärten wurden von John Fairey angelegt, der besonders die blaugrauen Töne der Sukkulenten und Agaven liebt, die den Blick über den Garten vom Haus aus ruhiger und kühler wirken lassen. Bis John Fairey und Carl Schoenfeld mir den gesamten Garten und die benachbarte Baumschule „Yucca Do" gezeigt hatten, verging viel Zeit, so daß wir die Besichtigung im Mondschein fortsetzten – in diesem Licht wirkten die exotischen Pflanzen noch beeindruckender und bizarrer, da nur Formen und Texturen zu sehen waren.

Während der Arbeit mit Clive Nichols an meinem Buch über Kräutergärten beschlossen wir, gemeinsam ein Buch zu entwickeln, das unsere Begeisterung für interessante Bäume und Blätter, ungewöhnliche Rinden und farbenprächtige Beeren widerspiegeln würde. Wir haben uns beide viele Jahre lang mit Pflanzen und Gärten beschäftigt, und mit der Zeit waren wir immer faszinierter von den Grüntönen, die einem Garten Struktur und Halt geben. Wir haben versucht, möglichst viele Blattpflanzen, die wir auf unzähligen Besuchen unterschiedlichster Gärten bewundert haben, in dieses Buch aufzunehmen. Sowohl in den eher naturbelassenen, modernen Gärten als auch in den traditionellen, formalen Gärten, die in diesem Buch vorgestellt werden, wurde versucht, Blattpflanzen nur dort anzusiedeln, wo sie ideale Voraussetzungen finden. Wir danken den Gartenbesitzern, daß sie uns erlaubt haben, ihre Gärten mit ihnen zusammen genießen zu dürfen.

Es mögen einige Blattpflanzen fehlen, die Sie selbst bevorzugen, und viele meiner eigenen Lieblingspflanzen werden Ihnen vielleicht nicht besonders attraktiv erscheinen. Glücklicherweise gibt es eben sehr unterschiedliche Vorlieben, ganz besonders in der Gartenwelt. Besuche in anderen Gärten sind immer ein Erlebnis und regen zu Diskussionen an. Ich hoffe, daß Sie Freude an den hier gezeigten, wunderschönen Gärten und Pflanzen haben und ebenso viele Anregungen erhalten wie ich. Vielleicht gelingt es uns, auch Sie für die faszinierende Welt der Beeren, Blätter und Bäume zu begeistern.

Ethne Clarke

Yaxham, Norfolk

März 1996

DER GRÜNE GARTEN

„Unser Land ist ein großer Garten, in dem jede Landschaft ihre Stimme zur Gesamtsymphonie beiträgt“
Siftings, Jens Jensen, 1939.

Seit Jahrhunderten werden Gärten angelegt, meist mit dem Ziel, die „Natur zu verbessern“ und die Landschaft zu beherrschen. Gärtner haben die natürliche Umgebung und sogar Flußläufe verändert oder dort Teiche geschaffen, wo es vorher trocken war. Es wurden künstliche Landschaften kreiert – Steingärten, Waldgärten oder Sumpfgärten – um die größtmögliche Pflanzenvielfalt zu integrieren. Diese Tradition lebt in uns fort, und zusätzlich haben wir noch diverse architektonische Veränderungen vorgenommen: Steinwälle, Terrassen, gepflasterte Wege, Fontänen, Wasserfälle und künstliche Beleuchtung – mit dem Ziel, dem Garten „Struktur zu geben“ und auch dann Interesse zu erwecken, wenn die meisten Blüten verwelkt sind.

Es gibt jedoch noch eine andere Möglichkeit, einen Garten das ganze Jahr über interessant zu gestalten: eine Art Zusammenarbeit mit der Natur, die eine entspanntere und naturnahe Bepflanzung ermöglicht und viel mehr mit der Umgebung in Einklang steht. Um diesen Ansatz zu verstehen, muß man eigentlich nur aus dem Garten hinaus in die Natur blicken. Betrachten Sie genau Ihre unmittelbare Umgebung, dann werden auch die Worte von Jensen verständlich.

Ein formaler Garten aus immergrünen Formgehölzen rahmt die natürliche Landschaft mit ihren Feldern und baumgesäumten Wasserläufen. Auch der Landschaftsarchitekt Capability Brown ging ähnlich vor; sein Ziel war, die Formalität einzuschränken und statt dessen die Natur zu „verbessern“.

Die Landschaft besteht aus unterschiedlichen Laubebenen: ein Dach aus Baumkronen, darunter Sträucher und Stauden und ganz unten Bodendecker. Diese Ebenen bilden auch die Grundlagen der Bepflanzung; dazu werden dann die kurzlebigeren Blüten und Beeren kombiniert.

Wenn wir die Pflanzen in unseren Gärten als Noten eines Musikstücks betrachten und uns selbst als Musiker, sollten wir verstehen lernen, wie die Natur ihre Symphonien komponiert und dann versuchen, diese Vielfalt und auch die Wiederholungen von Blattfarben, Texturen und Formen zu übernehmen, um das Thema für den eigenen Garten zu formulieren.

Blätter erscheinen in der Natur auf verschiedenen Ebenen. Jede Ebene stellt andere Bedingungen an die Umgebung. Die erste besteht aus den Baumkronen; darunter befinden sich die hohen Sträucher und noch tiefer die Stauden sowie Ein- und Zweijährige. Ganz unten wachsen die Bodendecker, wozu sowohl einige Sträucher als auch Stauden zählen. Die Ebenen beeinflussen sich gegenseitig und erzeugen so die unterschiedlichsten Wachstumsbedingungen, wie tiefe Schatten, die von stark belaubten Bäumen erzeugt werden, oder schwerer Humus, wo bodendeckende Pflanzen die Feuchtigkeit halten. Beobachtet man die Natur genau und übernimmt deren Prinzipien, ist man auf dem besten Weg zu einem Garten, der mit der Natur in Einklang steht und durch beständiges Blattwerk, kurze Blütenhöhepunkte und schöne Beeren harmonisch wirkt.

Schutz und Hintergrund

Bäume Wegen ihrer Höhe und Langlebigkeit haben Bäume einen starken und offensichtlichen Einfluß auf unsere Landschaft. Durch sie wird die Natur maßgeblich mitbestimmt. In Gruppen bilden sie regelrechte Schutzgürtel, die das Klima verändern können. Ein Garten in Küstennähe, der starkem Wind ausgesetzt ist, profitiert von einem Schutzwall aus immergrünen und laubabwerfenden Bäumen, durch die salzige Winde abgefangen werden. Für einen Garten, der mitten im Land liegt, reicht oft eine einzelne Baumreihe aus.

Für einen wirksamen Schutz durch Bäume kommt es nicht so sehr auf die Baumarten an (obwohl man nur Bäume anpflanzen sollte, die auch in unmittelbarer Nähe in der Natur vorkommen), sondern auf deren Anordnung. Immergrüne Bäume können dicht zusammen einen breiten Streifen ausfüllen und damit einen starken Schutz bilden. Eine lockere Bepflanzung aus verschiedenen, laubabwerfenden Bäumen läßt das Sonnenlicht hindurch und wirkt damit ähnlich wie ein Waldrand. Dazwischen und davor könnte man dann Sträucher und Stauden

Laubabwerfende Bäume wie diese Kastanie (*Aesculus x carnea*) sind das ganze Jahr über ein Blickfang – von dem Zeitpunkt an, wo sich die frischen jungen Triebe entfalten bis zu dem Moment, wo die Blätter wie ein goldener Teppich den Boden um den Baum herum bedecken.

pflanzen, die mit dem gedämpften Licht zurechtkommen und den feuchten Boden lieben. Für einen solchen Schutz sollten nur zwei oder drei Baumarten gewählt und in Gruppen zusammengesetzt werden – wieder ist die Natur das Vorbild.

Bei der Planung eines „lebenden" Schutzes müssen einige Dinge berücksichtigt werden. So vor allem die Richtung, aus denen je nach Jahreszeit die stärksten Winde zu erwarten sind. In meinem Garten in Norfolk, im Osten Englands, kommt der Wind im Frühling und Sommer aus Südwest bis Nordost und im Herbst und Winter aus Nordwest bis Südost. Ähnliche Hauptwindrichtungen finden sich auch in den Prärien des amerikanischen Mittelwestens, die durchaus auch andere Ähnlichkeiten mit Norfolk haben, beispielsweise den tiefblauen Himmel und die großen Felder. Deshalb habe ich Bäume angepflanzt, um den Garten vor der „sibirischen" Kälte zu schützen und die starken Böen im zeitigen Frühjahr abzufangen. Mit der Zeit wird dieser Schutzgürtel hoch genug sein, um den Wind über die Baumwipfel zu tragen und so den größten Teil des Gartens zu verschonen. Der Filtereffekt der Bäume verringert die Sommerwinde, so daß, so hoffe ich jedenfalls, der Rittersporn nicht umknickt und die Stimmung im Garten durch eine leichte Brise – und nicht durch starke Böen – betont wird.

In kleinen Gärten werden wenige Bäume als Windfilter eingesetzt, einfach deshalb, weil für einen Schutzwall aus Bäumen kein Platz ist. Ein paar Bäume, die in einer lockeren Gruppe in die Richtung gepflanzt werden, aus der überwiegend der Wind kommt, helfen schon, den Windeinfall etwas zu reduzieren. Eine gute Luftzirkulation ist für ein kräftiges Wachstum der Pflanzen sehr wichtig; das gilt besonders für einen Stadtgarten. Kleinere Gärten sind oft durch hohe Zäune oder Mauern begrenzt, die nicht unbedingt einen guten Schutz bilden, weil der Wind direkt hinter der Begrenzung steil nach unten fällt und dadurch ein problematischer Randstreifen entsteht. Pflanzt man aber einige Bäume mit etwas Abstand von der starren Begrenzung, geht der Wind über einen Teil des Gartens hinweg und wird gedämpft.

Bäume als Windschutz bilden auch einen schmückenden Hintergrund, doch da sie vorrangig eine funktionale Aufgabe haben, müssen sich Auswahl und Bepflanzung eher nach diesen praktischen Gesichtspunkten richten.

Bäume können das Klima im Garten beeinflussen. Sie bieten nicht nur Schatten und Schutz, sondern sind auch in der Lage, Feuchtigkeit im Boden besser zu speichern, weil durch die belaubten Kronen weniger Wasser aus der Erde verdunsten kann und Feuchtigkeit an die Atmosphäre durch Transpiration abgegeben wird. Das ist auch ein Grund, weshalb die Verringerung des tropischen Regenwalds für die Menschheit so bedrohlich ist. Ein anderer, rein praktischer Gesichtspunkt ist der, daß durch die dichte Laubschicht Staubpartikel aufgefangen werden, die Erde kühl bleibt und durch den Austausch von Sauerstoff und Kohlendioxid die Luft verbessert wird.

Hintergründe Die Bepflanzung des Hintergrunds sollte mit der des Vordergrunds harmonieren; wenn Sie einen Garten mit einfachen Sträuchern planen, sollten im Hintergrund nicht unbedingt exotische Bäume stehen. In meinem Garten, der auf einem Acker entstand, haben sich die meisten Pflanzen aus den ursprünglichen Feldhecken zu großen Bäumen und Sträuchern entwickelt, so daß der natürliche Hintergrund aus Haselnuß, Stechpalme, Wildapfel, Weißdorn und Feldahorn (*Acer campestre*) besteht. Dazu passend habe ich dann Apfelbäume, weitere Haselnußsträucher, Erlen, Maulbeeren, Quitten und eine großblütige Kirsche, *Prunus* 'Tai-Haku', gesetzt. Die Kirsche zeigt im Frühjahr ihre großen weißen Blütenbüschel, eingerahmt von hübschen roten Blättern. Im Herbst erscheinen dann wunderschöne Rot-und Orangetöne. Mein größter Fehler war, dort eine einzelne Pappel zu pflanzen, die aussieht, als wäre sie höher als der Garten lang ist – das bringt mich zum nächsten Punkt.

Hintergründe können den Rahmen für einen schönen Ausblick bilden; sie ermöglichen es, die umgebende Landschaft in den Garten einzubeziehen. Das ist ein Kunstgriff, der auch von italienischen Architekten der Renaissance benutzt wurde, die dem Diktat von Alberti folgten: Jeder Garten sollte die Aussicht auf die Landschaft rahmen. Wie ein Gemälde und der Rahmen zusammenpassen müssen, so sollte auch ein „Gartenrahmen" mit der Aussicht harmonieren, indem dominante Formen wiederholt werden. Ein Blick auf eine zerklüftete Bergkette sollte durch vertikale und konische Formen im Garten betont werden, mit hügeligen Formen im Vordergrund. Ein Ausblick auf eine wellige Hügellandschaft könnte von Bäumen mit kugeliger Krone und runden Strauchformen umgeben sein, mit breitwüchsigen Stauden, die die Formen im Vordergrund widerspiegeln. Es reicht aber nicht, nur die Formen zu wiederholen – auch die Proportionen sind wichtig, und das ist der Grund, weshalb ich die Pappel nie hätte pflanzen dürfen. Sie bildet eine dominierende Vertikale, die nicht zur Größe des Gartens und den Formen der übrigen Pflanzen paßt.

Das silbergrüne Laub des Birnbaums (*Pyrus salicifolia*) bildet einen weichen, interessanten Hintergrund für die klaren, geometrischen Formen des Buchsbaumgartens und des Eisenbogens, der mit Efeu (*Hedera* 'Parsley Crested') berankt ist.

Kontraste verleihen einem Garten Lebendigkeit; das Spiel mit Hell und Dunkel, Licht und Schatten kann durch helle Blätter verstärkt werden, die die schattigen Bereiche des Gartens aufhellen und der Gestaltung Tiefe verleihen.

Sicht- und Sonnenschutz Bäume haben oft die Aufgabe, in einem Garten für Abgeschlossenheit zu sorgen oder einen unattraktiven Anblick außerhalb des Gartens zu verdecken. In einem kleinen Garten werden die Bäume dazu in einer Reihe gepflanzt. Oft sind es immergrüne Gehölze oder ein einzelner Baum, der den Blick etwa auf einen Telefonmast kaschieren soll. In einem ländlichen, größeren Garten ist meist mehr Platz, so daß kleine Baumgruppen gepflanzt werden können oder kleine Dickichte aus nur einer Spezies. Ähnlich hat auch der englische Gartenarchitekt Capability Brown angefangen, der ganze Wälder versetzte, wenn es nicht möglich war, etwa eine Gruppe von Arbeiterhütten abzureißen, um den Ausblick zu verbessern. Was auch immer Ihre Pläne sind, wichtig ist, daß die Proportionen und Formen mit dem Hintergrund und der Umgebung in Einklang stehen.

Schatten ist ein weiterer Grund, weshalb Bäume gepflanzt werden. Der Effekt, der durch Kontraste im Garten erreicht wird, ist enorm wichtig; die Lichtveränderungen durch leichten oder tiefen Schatten können einen Betrachter wie magisch durch den Garten locken – das immer wieder andere Licht hat die gleiche Anziehungskraft wie eine aufwendige Pflasterung.

Wieviel Schatten Sie im Garten benötigen, hängt davon ab, ob der Garten generell sonnig ist und auch davon, wie Sie ihn nutzen möchten (und welche Pflanzen gedeihen sollen). Während der Sommermonate steht die Sonne sehr hoch am Himmel, im Winter zieht sie in einem flachen Bogen über den Horizont. Wahrscheinlich benötigen Sie den meisten Schatten nachmittags bis abends auf einer Terrasse oder aber den ganzen Tag über in einem bestimmten Teil des Gartens, um beispielsweise feuchtigkeitsliebende Pflanzen zu schützen.

Das gleichmäßige Muster der vier mit Buchsbaum eingefaßten Quadrate bildet einen interessanten Kontrast zur lockeren Bepflanzung ringsum.

Bei der Auswahl von Bäumen als Schattenspender müssen Sie deren Struktur berücksichtigen: ob ein Baum große Blätter, viele Äste und eine dichte Krone hat, oder ob die Blätter klein sind, der Baum wenig verzweigt ist und eine offene Krone bildet. Je dichter der Schatten, desto kühlender ist er – gleichzeitig wird aber die Auswahl möglicher Pflanzen, die in unmitelbarer Umgebung wachsen können, stark eingeschränkt.

Schatten sollte auch bei der Pflanzung von Immergrünen berücksichtigt werden. Der dichte Schatten, den diese Gehölze werfen, ist permanent und vielleicht störend, wenn während der Wintermonate etwas Sonnenlicht in das Wohnzimmer fallen soll. Es kann schon sehr deprimierend wirken, wenn man das ganze Jahr über von dunklem Schatten umgeben ist – deshalb ist es oft besser, auch einige laubabwerfende Bäume in die Gestaltung einzubeziehen.

Hecken

Viele Bäume werden als Heckenpflanzen verwendet. Die meisten Hecken bestehen aus einer einzelnen Baumsorte; sie werden regelmäßig geschnitten, um ein gleichmäßiges Wachstum und Ausfüllen um die Stämme herum zu fördern.

Vielfach werden immergrüne Hecken bevorzugt, besonders populär sind Zypressen (x *Cupressus lawsoniana*), vernachlässigt werden leider die wesentlich schöneren Eiben (*Taxus baccata*), weil allgemein angenommen wird, daß Eiben zu langsam wachsen. Eigentlich ist genau das Gegenteil der Fall – Zypressen wachsen viel zu schnell. Eine Eibenhecke, die in den ersten Jahren regelmäßig zu Beginn des Frühjahrs mit Stickstoff und im Sommer mit einem Allgemeindünger versorgt und ausreichend gewässert wird, wächst problemlos 30 – 45 cm im

Jahr. Eine Zypresse wächst natürlich schneller und muß zwei- bis dreimal pro Jahr geschnitten werden. Wer will aber seine Freizeit überwiegend mit Heckenschneiden verbringen?

Eiben bilden die imposantesten immergrünen Hecken. Andere beliebte immmergrüne Heckenpflanzen sind Stechpalmen (goldblättrige Stechpalmen als Hecke wirken recht spektakulär). Lorbeerkirschen (*Prunus lusitanicus* und die großblättrigere *P. laurocerasus*) bieten als Hecke einen eher düsteren Anblick, trotz der glänzenden, lichtreflektierenden Blätter.

Hecken können auch aus laubabwerfenden Bäumen bestehen; die beliebte Rotbuche (*Fagus sylvatica*) verliert zwar ihre Blätter, aber erst, wenn die neuen Blattriebe im Frühjahr erscheinen. Weißbuche (*Carpinus betulus*) ist ebenfalls weit verbreitet, und beide eignen sich gut für schmale, hohe Hecken.

Schön sehen Hecken aus, in denen immergrüne und laubabwerfende Bäume nebeneinander stehen. Die alte Begrenzung meines Gartens setzt sich so zusammen und ist ein idealer Hintergrund für den sehr lockeren, informellen Bepflanzungsstil.

Hecken können als Sicht- oder Windschutz dienen und einen Garten in einzelne Bereiche aufteilen, die sich ganz unterschiedlich gestalten lassen. Niedrige Pflanzen wie der Zwerg-Buchsbaum (*Buxus suffruticosa*), ganz gewöhnlicher Thymian (*Thymus vulgaris*), einige kleinblättrige Stechpalmen und ähnliche Immergrüne lassen sich einsetzen, um bodendeckende, lineare Muster aus sehr kurz geschnittenen Hecken zu formen. Das beste Beispiel sind die sogenannten Flechtgärten (*siehe S. 42*), die meist wahre Kunstwerke sind. Niedrige Pflanzen können aber auch als Heckenbänder gepflanzt werden, die sich wie ein grüner Bach durch einen Garten schlängeln und diesen sehr lebendig wirken lassen.

Anpflanzen von Hecken Formale Hecken werden regelmäßig geschnitten, um ihre gleichmäßige Form zu erhalten, während freiwachsende Hecken, bei denen vor allem Blüten und Fruchtstände wirken sollen, nur beschnitten werden, um nicht außer Kontrolle zu geraten. Beim Pflanzen einer Hecke ist zu

Mit Rauhreif überzogen oder eingehüllt in eine Schneedecke bleiben die Strukturen der Gehölze den ganzen Winter über sichtbar – der Garten wirkt somit auch in der sonst eher tristen Jahreszeit interessant.

beachten, daß die Pflanzen zwar eng stehen müssen, es sich bei ihnen aber eigentlich um Bäume handelt, die durch den häufigen Schnitt zwar keine Kronen und Stämme ausbilden können, aber über ein weit verzweigtes Wurzelsystem verfügen. Werden die Pflanzen zu eng gesetzt, müssen sie um Nahrung und Wasser kämpfen und schließlich verhungern. Es gibt keine feste Regel für die optimale Verteilung, weil jede Gehölzart andere Anforderungen stellt; für eine Eiben- oder Weißbuchenhecke etwa ist ein Abstand von 60 bis 90 cm ideal.

Heckenpflanzen können als Container-Pflanzen oder in Bündeln ohne Wurzelballen gekauft werden; laubabwerfende Hecken lassen sich zu jeder Jahreszeit pflanzen, ebenso immergrüne Heckenpflanzen, wenn sie in Containern gekauft werden, vorausgesetzt, es ist weder frostig, naß oder zu trokken. Pflanzen mit bloßen Wurzeln werden im Winter oder im zeitigen Frühjahr gepflanzt, weil sie schnell austrocknen, zu diesen Jahreszeiten die Luftfeuchtigkeit jedoch meist hoch ist. Frisch gepflanzte immergrüne Heckenpflanzen können zusätzlich besprüht werden, um ein Anwachsen zu beschleunigen. Es ist ratsam, eher kleinere als größere Pflanzen zu kaufen, weil jüngere Pflanzen sich schneller an eine neue Umgebung gewöhnen, eine Hecke aus jungen Pflanzen, die regelmäßig gedüngt wird, kann bald genauso hoch sein wie eine Hecke aus älteren Pflanzen. Wenn jedoch Geld keine Rolle spielt und sehr schnell ein hoher Schutz gegeben sein soll, können Sie auch ältere Pflanzen verwenden; diese müssen aber während des ersten Jahres regelmäßig gewässert werden. Bereiten Sie am besten einen Graben mit einer Breite von etwa 90 cm für große Hecken oder 45 cm für kleine Hecken vor. Graben Sie den Bereich zwei Spaten tief um und fügen Stallmist oder Kompost und organischen Langzeitdünger hinzu.

Ganz wichtig ist es, eine neu gepflanzte Hecke unkrautfrei zu halten. Das kann durch regelmäßiges Unkrautzupfen geschehen; Sie können auch gezielt Unkrautvernichter einsetzen

Der Blick durch einen Garten kann mit Hilfe unterschiedlich hoher Hecken und kontrastierender Texturen interessanter gestaltet und optisch verlängert werden. Hier wurden Buchenhecken und eine Allee aus Linden verwendet.

Eine Flechthecke ist ein beliebtes Mittel zur optischen Betonung von Perspektiven – hier wird das Auge auf einen Steinbogen und schließlich auf die Landschaft im Hintergrund gelenkt. Die Bäume sind für diesen Effekt gekappt worden.

oder eine Mulchdecke auftragen. Mulchen ist die wohl effektivste Methode. Sie können auch eine dunkle Plastikfolie vor dem Pflanzen über den Bereich legen und die Ränder dann mit Erde beschweren – durch die Folie wird Unkraut erstickt und Feuchtigkeit im Boden gehalten. Die Pflanzen werden dann durch Schlitze in der Folie gepflanzt.

Wie man eine Hecke schneidet, hängt von den jeweiligen Pflanzen ab.

Laubabwerfende Pflanzen, die aufrecht wachsen, müssen angeregt werden, viele Zweige in Bodennähe zu bilden. Dazu werden die jungen Pflanzen samt Leittrieb im ersten Jahr bis auf 15 cm zurückgeschnitten. Dies gewährleistet auch, daß nicht zuviel Sprosse und Triebe von dem noch nicht vollentwickelten Wurzelsystem ernährt werden müssen. Zu diesem Zeitpunkt ist die Ausbildung der Wurzeln wichtiger als das Höhenwachstum. Im nächsten Frühjahr werden die Seitentriebe geformt, indem die neuen Triebe eingekürzt werden.

Soll die Hecke jedoch als hoher Windschutz dienen, können die Pflanzen die ersten Jahre unbeschnitten bleiben. Dann aber werden sie zurückgeschnitten, und etwa ein Drittel des Seitenwachstums wird entfernt.

Immergrüne wie Zypressen sollten im ersten Jahr gestützt werden, indem der Hauptstamm lose an einen Bambusstab gebunden wird. Alle Seitentriebe, die als Konkurrenz zum Leittrieb erscheinen, werden zurückgeschnitten, so daß sich das Wachstum nur auf den Hauptstamm konzentriert.

Buchsbaum und andere kleinblättrige Immergrüne werden geformt, indem die Seitentriebe bis auf die gewünschte Heckenbreite zurückgeschnitten werden. Erst wenn die gewünschte Höhe erreicht ist, werden die Spitzen geschnitten – am besten im Hochsommer oder Spätsommer.

Nach etwa zwei Jahren ist die Hecke gut entwickelt, so daß sie regelmäßig geschnitten werden kann. Die Seiten können senkrecht verlaufen oder annähernd pyramidal geformt sein; die obere Breite sollte aber nie größer als die untere sein.

Alte Hecken aus Eibe, Rotbuche, Weißdorn, Stechpalme und Hainbuche lassen sich durch einen starken Rückschnitt verjüngen. Durch das Einkürzen sehr langer Seitentriebe erhält die Mitte der Pflanze mehr Licht, wodurch sich neue, gesunde Triebe entwickeln. Bei Eiben beginnt man im ersten Jahr mit dem Verjüngungsschnitt, indem man eine Seite der Hecke vollkommen zurückschneidet. Die andere Seite wird erst im nächsten oder übernächsten Jahr gestutzt, abhängig davon, wie stark die zuvor geschnittene Seite gewachsen ist. Nach jedem Schnitt wird gedüngt und gemulcht

Bei unansehnlich gewordenen Lavendelhecken hilft manchmal ein starker Schnitt im Frühling – ein Erfolg läßt sich aber nicht garantieren. Buchsbaum kann durch einen Schnitt nicht verjüngt werden.

Flechthecken erhält man, wenn man im unteren Bereich der Stämme – bis zu einer Höhe von etwa 1,5 m – alle Zweige entfernt und den Leittrieb stutzt. Die Kronen werden an einem Drahtgeflecht so erzogen, daß sie sich in einem Netzwerk miteinander verflechten. Hat das Seitenwachstum die gewünschte Form erreicht, wird der Draht entfernt. Im Frühjahr schneidet man die Kronen stark zurück, um neues Wachstum anzuregen.

Kappen ist eine Schnittechnik, bei der ein Strauch oder Baum bis auf einen Stumpf oder bis zum Boden zurückgeschnitten wird, um die Ausbildung neuer Triebe zu fördern. Ein solcher Schnitt wird bei Gehölzen mit schöner Rinde oder attraktiven Blättern vorgenommen, weil diese bei neuem Wachstum noch ausgeprägter sind. Zu den Bäumen und Sträuchern, die so behandelt werden können, gehören u.a. die Hartriegel *Cornus sibirica*, *C. alba*, *Leycesteria formosana*, *Rubus*-Sorten mit besonders bunten Ruten, der goldblättrige Holunder (*Sambucus racemosa* 'Plumosa Aurea'), der violettblättrige Holunder (*S. r.* 'Purpurea'), die Zimmerlinde (*Sparmannia africana*), der gelbe Trompetenbaum (*Catalpa bignonioides* 'Aurea') und das mehrfarbige Pfahlrohr (*Arundo donax* var. *versicolor*).

Entwipfeln ist mit dem Kappen vergleichbar; hier wird die Krone auf wenige Stümpfe reduziert, indem man jedes Frühjahr alle alten Triebe entfernt. Durch diese sogenannten Kopfbäume erhält man größere Blätter, die besonders in städtischen Bereichen für Schatten auf Straßen und Gehwegen sorgen.

Grüne Formen

Bei der Entscheidung für einen Bepflanzungsstil müssen diverse Aspekte berücksichtigt werden – am wichtigsten ist dabei die Form. Sie bezieht sich auf die Gestalt oder Silhouette der Pflanze (*Abb. 1*) und steht in engem Zusammenhang mit der Wuchsform – ob ein Baum sich zur Spitze hin verjüngt, weitausladend ist, mehrere Stämme ausbildet oder herunterhängende Zweige hat (*Abb. 3*). Die Struktur des Stamms und selbst die Form der Blätter (*siehe S. 29*) haben Einfluß auf das Erscheinungsbild. Der Stil und die Art, wie Pflanzenformen zu einem Thema zusammengestellt werden, entscheiden über die Wirkung der Pflanzen und die Ausstrahlung des Gartens.

Allgemein gilt, daß vertikale Formen stärker ins Auge fallen als horizontale, abgerundete Formen, weil letztere uns vertrauter sind und in der Natur häufiger vorkommen. Daher verwenden Gartenarchitekten für besondere Effekte gern schlanke, aufrechtwachsende Gewächse. Als ruhigen Gegenpol sollte man jedoch einige gewohntere Formen wählen, da das Gesamtbild sonst schnell unruhig wirkt. Die Ausgeglichenheit erhält man durch eine Wiederholung von Formen. Gartendesign manipuliert die Sinne, versucht, Einfluß darauf zu nehmen, wie wir unsere Umgebung empfinden. Wiederkehrende Pflanzenformen bewirken eine angenehme Vertrautheit (besonders, wenn viele runde Formen verwendet werden). Diese Wiederholungen müssen aber sehr ausgewogen plaziert werden, da sonst ein monotoner Eindruck entsteht. Im Bild unten links wird durch Buchsbaumkugeln eine klare Aussage gemacht. Eintönigkeit wird durch die informelle Umgebung verschiedenster Pflanzen und Laubformen ausgeschlossen: Im Hintergrund klettert der goldene Hopfen (*Humulus lupulus* 'Aureus'), vorn wird die Anordnung durch Farne aufgelockert (*Dryopteris filix-mas*), Süßdolde (*Myrrhis odorata*) und Pferdeeppich (*Smyrnium perfoliatum*) ergänzen das Bild.

Ähnlich harmonisch, jedoch in vollkommen anderer Umgebung, wirken die schlanken Kakteen (unten rechts) in einem Wüstengarten. Die linearen Formen und stark ausgeprägten Vertikalen von *Trichocereus pasacana* sowie die spitzen Blätter der Yuccas werden gemildert durch die beruhigende Ausstrahlung der vielen runden Kakteen (*Echinocactus grusonii*).

Runde Formen und Vertikalen können als natürliche Pflanzenformen in den Garten integriert werden, wie die Kakteen, oder künstlich durch Beschnitt geschaffen werden. Die Wiederholungen wirken sehr harmonisch.

Abb. 1 Baumformen

Abb. 2 Strauchformen

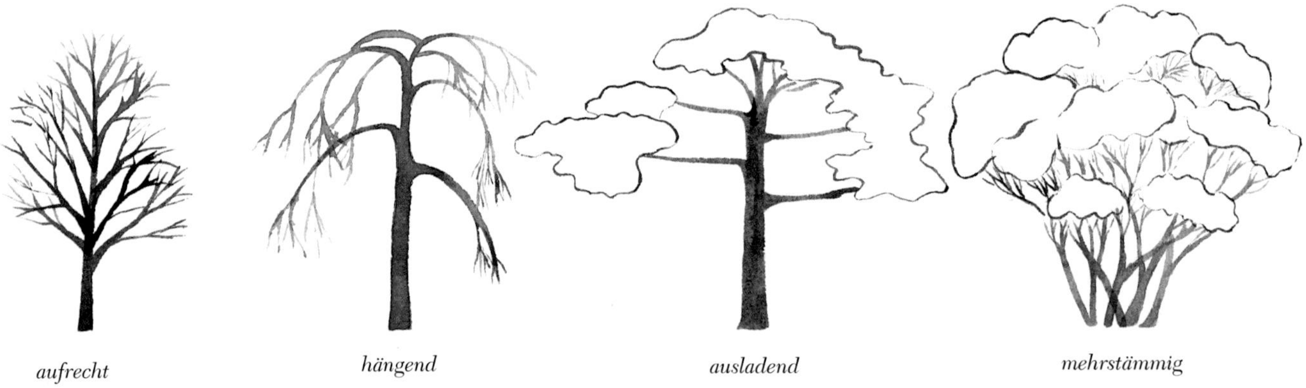

Abb. 3 Habitus

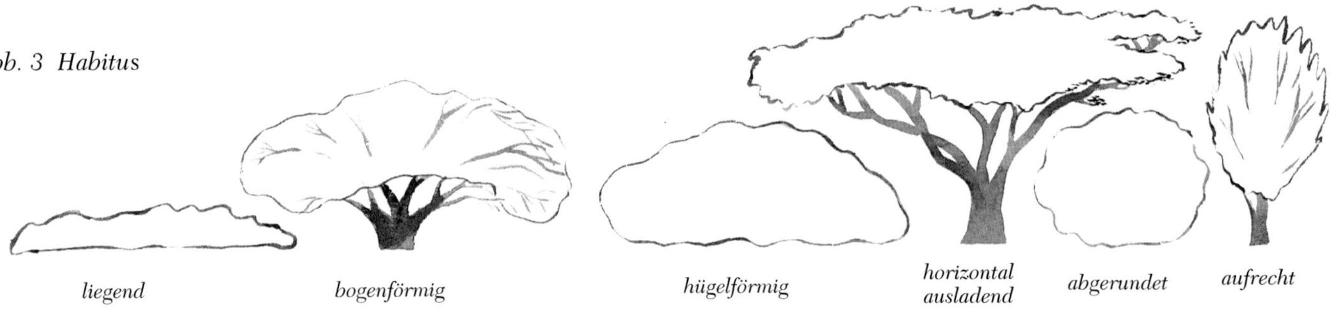

Da diese Kaktusart keine Blätter hat, werden die Formen vollständig durch die Stämme geprägt und sind damit ganz natürlich, während den Formen der Buchsbäume, die zwar überwiegend rundlich wachsen, mit der Schere nachgeholfen werden muß, um exakte Rundungen zu erhalten. Bei den hier gezeigten Buchsbäumen handelt es sich um *Buxus sempervirens*, der recht groß wird. Für Formschnitte wird oft auch die kleinwüchsigere Sorte 'Suffruticosa' verwendet.

Solitärbäume

Ein Solitärbaum muß nicht einzeln stehen. Wenn Bäume als Fokuspunkte gepflanzt werden – als Attraktion, um einen Ausblick oder eine Bepflanzung zu betonen –, gibt es kaum etwas Imposanteres als drei oder fünf Bäume gleicher Sorte. Meist verwendet man gewöhnliche Arten wie Birken, die erst durch die Anordnung zu einem wahren Blickfang werden.

Die Herbstfärbung des Ahorns *Acer* var. *heptalobum* 'Osakazuki' ist genauso beeindruckend wie die imposante Wuchsform der großen Douglasie *Pseudotsuga menzieii.*

Bäume mit schönem Laub, wie der Ahorn *Acer palmatum* (links) und der Tupelobaum *Nyssa sylvatica* (gegenüber) sind wunderbare Solitärpflanzen, die einen besonderen Platz im Garten verdienen – dort, wo sie im Sonnenlicht stehen oder vor einem dunklen Hintergrund. Andere Bäume wirken durch ihre interessante Wuchsform, wie der knorrige Ahorn *Acer palmatum* var. *dissectum* (rechts oben) oder die hängenden Zweige und langen Nadeln der Kiefer *Pinus strobus* 'Pendula' (rechts unten).

Freistehende Solitärbäume sind meist eine Klasse für sich; sie werden ausgesucht, um einen besonderen Beitrag zur Gartengestaltung zu leisten. Die meisten Bäume in meinem Garten sind normale Obstbäume. Der Obstbaumgarten mit alten Apfelsorten unterbricht eine lange Achse, und eine Gruppe Kirschbäume sorgt für einen faszinierenden Anblick im Frühling und im Herbst. Und auf ihre Weise erzeugen sie gemeinsam eine ähnliche Wirkung wie ausgewählte Solitärbäume. In meinem Garten stehen nur zwei „echte" Solitärbäume, einer von ihnen ist der Amberbaum *Liquidambar styraciflua* 'Worplesdon', der an einer Wegbiegung steht und den Übergang vom Ziergarten zum „wilden" Garten markiert. Vom Spätsommer an, wenn sich die Blätter färben, bis zum ersten Frost gleicht der Baum einem Flammenmeer. Mit zehn Jahren ist er noch nicht ausgewachsen, bald aber wird er breiter und „stämmiger" und dann einen noch schöneren Anblick bieten.

Die Proportionen spielen auch bei der Auswahl eines Solitärbaums eine große Rolle; es wäre unangebracht, einen großen Baum in einen kleinen Garten zu setzen oder einen kleinwüchsigen Baum in eine große Rasenfläche zu pflanzen.

Ebenso wichtig ist die Form einer Baumgruppe oder eines einzelnen Baums. Die äußere Gestalt wird durch die Winkel zwischen Zweigen, Ästen und Stamm bestimmt; gebündelte oder säulenartige Formen entstehen, weil die Winkel zwischen den Ästen und dem Stamm und die Winkel zwischen Leittrieb und Zweigen klein sind, so daß alle Äste und Zweige nach oben wachsen. Der Begriff „fastigiata", was soviel wie aufrecht oder säulenförmig heißt, taucht bei vielen Baumsorten auf: So gibt es die bekannte Eibe *Taxus baccata* 'Fastigiata' und die weitverbreitete Birke *Betula pendula* 'Fastigiata'.

Bei einigen Bäumen wachsen die Äste in einem Winkel von fast 90° zum Stamm, wodurch eine sehr elegante, breitausladende Form entsteht, wie bei der imposanten Libanonzeder (*Cedrus libani*). Sind die Winkel noch größer, läßt der Baum seine Zweige „hängen", wie bei der Haselnuß *Corylus avellana* 'Pendula', deren Zweige sich bis zum Boden neigen. Bäume mit runden Kronen und regelmäßigen Formen haben viele verzweigte Äste und keinen Leittrieb.

Pyramidenförmige Bäume („pyramidalis" ist der lateinische Ausdruck) verfügen über einen stark ausgeprägten Leittrieb und verzweigen sich im unteren Bereich stärker als in der Spitze; ein Beispiel für diese Wuchsform ist der Amberbaum. Vasenförmige Bäume haben nach oben gebogene Zweige, ihr Umriß gleicht einem auf der Spitze stehenden Dreieck; *Prunus sargentii* hat diese Form. Baumformen sind am deutlichsten, wenn man die kahlen Silhouetten laubabwerfender Bäume im Winter betrachtet, dann, wenn die Landschaft nur aus Kontrasten von Hell und Dunkel besteht. Die Konturen der Bäume sind dann sehr auffällig. Auch die Formen von Immergrünen sind besser ersichtlich, wenn das Laub benachbarter Bäume gefallen und somit keine Konkurrenz vorhanden ist.

Beobachtet man aufmerksam die freie Natur, so fällt auf, daß Pflanzenformen oft die Landschaftsformen wiederholen. So spiegeln pyramidenförmige Koniferen eine Reihe von Bergspitzen am Horizont wider, oder eine sanfte, hügelige Landschaft taucht in den runden Formen laubabwerfender Bäume und Sträucher wieder auf.

Sträucher

Die Ebene unterhalb der Bäume gehört den Sträuchern. Ein Baum ist ein mehrjähriges Gehölz, laubabwerfend oder immergrün, das mindestens eine Höhe von 6 m erreicht, wohingegen ein Strauch, laubabwerfend oder immergrün, bis zu 6 m hoch werden kann und mehrere Haupttriebe ausbildet.

Auch Sträucher haben ausgeprägte Formen, die sich aber von denen der Bäume erheblich unterscheiden. Sträucher können wie bunte Kissen am Boden wirken, kompakte Kugeln bilden, oder an dünnen Trieben emporklettern. Andere haben horizontalwachsende Zweige, wie *Viburnum licatum* 'Mariesii', während wieder andere sich aufrecht in die Höhe strecken wie *Viburnum* x *bodnantense* 'Dawn'. Abbildung 2 (*siehe S. 22*) zeigt einige Strauchformen.

Bei der Planung eines Gartens wird zuerst das Gerüst geschaffen, das den übrigen Pflanzen Halt gibt. Dieser Rahmen

Sträucher spielen eine wichtige Rolle in der unteren Pflanzenebene, indem sie als Bindeglied zwischen hohen Bäumen und niedrigen Stauden und Einjährigen fungieren, oder indem sie Akzente setzen wie dieser *Rhus typhina* 'Lacinata'.

des Gartens besteht überwiegend aus Bäumen und Sträuchern. Meist werden sie in Gruppen angeordnet, in kontrastierenden Formen. Neben bzw. unter einen aufrechtwachsenden Strauch kann man einen niedrigen, breiten Strauch als Kontrast setzen. Die Gruppierung läßt sich dann als Thema für die Bepflanzung verwenden – die Pflanzen selbst können variieren, die beiden Grundformen sollten sich jedoch wiederholen. Eine solche Anordnung bildet eine Alternative zu den zuvor beschriebenen streng geschnittenen Hecken. Aufrecht- und breitwachsende Sträucher im Wechsel können einen Teil des Gartens abtrennen oder den Garten vollständig einrahmen.

Stauden und kurzlebige Pflanzen

Unterhalb der Sträucher, manchmal auch in gleicher Höhe, befindet sich der Platz für Stauden und kurzlebige Pflanzen, die den Bereich zwischen den Bäumen und Sträuchern ausfüllen. Meist bilden diese den Übergang zwischen verschiedenen Pflanzbereichen. Die effektivste Vorgehensweise bei der Bepflanzung besteht darin, zuerst mehrere Bäume in sorgfältig vorbereitete Pflanzlöcher zu setzen, mit ausreichend Abstand, um ein kräftiges Wachstum zu ermöglichen. Der Boden wird großzügig gemulcht, so daß die Oberfläche unkrautfrei bleibt. Haben sich die Bäume gut entwickelt, werden die Sträucher gesetzt. Die Erde wird gemulcht und unkrautfrei gehalten. Im nächsten Jahr, wenn die Sträucher angewachsen sind, gräbt man den Boden zwischen den Pflanzen, düngt und pflanzt die Stauden. Funkie und Nieswurz fühlen sich an einem solchen Standort besonders wohl, das gleiche gilt für andere Pflanzen, die kühle, feuchte Erde und Halbschatten lieben.

Bodendecker bilden die unterste Pflanzebene. Auch Kletter- oder Schlingpflanzen sind ideal; sie wachsen ebenerdig genauso gut wie an einer Wand oder an einem Spalier. Sie sorgen dafür, daß die Erde feucht bleibt und kein Unkraut aufkommt.

Diese Gruppe aus *Eucalyptus glaucescens*, Ahorn (*Acer palmatum* 'Senkaki), Fiederspiere (*Sorbaria aitchisoni*), *Rosa nitida* und dem Spierstrauch *Spiraea* 'Arguta' bildet einen schönen Blickfang vor dem immergrünen Hintergrund.

Die einfachen, großen Blätter von Funkie und Hortensie sowie die starken Kontraste von Hell und Dunkel zwischen dem Schlangenbart (*Ophiopogon planiscapus* 'Nigricans') und hellblättrigen Stauden (links) erzeugen ein wesentlich lebhafteres Bild als die zarten Texturen der Pflanzen (oben), deren Grüntöne fast alle gleich sind – ihre Wirkung ist ruhig und entspannend. Kontraste betonen unterschiedliche Bepflanzungen, wie die mit dem Spindelstrauch (*Euonymus* 'Silver Queen') bewachsene Mauer hinter dem Farn *Dryopteris filix-mas* 'Cristata Martindale' (links).

Standort und Bodenverhältnisse

Bäume und Sträucher bilden die größte Gruppe der Zierpflanzen. Beim Betrachten eines farbenprächtigen Gartenbuchs läßt man sich nur allzu leicht von schönen Details wie farbigen Blüten ablenken. Um die richtige Wahl für den eigenen Garten zu treffen, sollte zuerst überlegt werden, welche Ansprüche man an den Garten stellt und wie diese unter Berücksichtigung der vorherrschenden Gegebenheiten zu verwirklichen sind. Man sollte nicht versuchen, einen trockenen, sonnigen Garten in eine feuchte Waldlandschaft zu verwandeln; aber mit Bäumen und Sträuchern ist es möglich, kühle, schattige Bereiche zu schaffen, und durch besonders schöne Solitärbäume lassen sich dramatische Effekte erzielen. Rasen, ebenfalls ein Bodendecker, benötigt ausgesprochen viel Feuchtigkeit. Ist Ihr Garten eher trocken, können Sie statt einer Rasenfläche auch Kies als Belag verwenden und große, horstbildende Gräser zusammen mit silberblättrigen Sträuchern als Schmuck einsetzen.

Wenn Sie sich überwiegend nach den bestehenden Boden- und Lichtverhältnissen in Ihrem Garten richten, werden Sie schnell herausfinden, daß die passenden Pflanzen auch zusammen „richtig" wirken. Sie können beispielsweise durchaus Pflanzen verwenden, die aus den unterschiedlichsten Regionen stammen, aber ähnliche Voraussetzungen benötigen. Darüber hinaus gibt es auch den Ansatz, ganz strikt nur Pflanzen anzusiedeln, die in der unmittelbaren Umgebung wild vorkommen. Eine solche selbstauferlegte Beschränkung bedeutet jedoch, daß Sie auf sehr viele Pflanzen verzichten müssen.

Blätter – Form, Struktur und Farbe

Pflanzen mit ähnlichen Anforderungen haben auch ähnliche Eigenschaften, wodurch sie als Gruppe gepflanzt ein einheitliches Bild ergeben. Pflanzen aus heißen, trockenen Regionen haben schmale oder kleine, geteilte, oft fleischige Blätter, um die Feuchtigkeit zu speichern. In ihrer natürlichen Umgebung

Abb. 4 Blattformen

gibt es viel Sonne, so daß sie mit einem geringen Chlorophyll-Anteil auskommen – sie sind oft grau oder silber, um Licht zu reflektieren und die Temperatur auf der Oberfläche zu reduzieren. Vielfach verfügen sie über flaumige oder haarige Texturen, durch die der Feuchtigkeitsverlust minimiert wird.

Im Regenwald ist der Lichteinfall gering, so daß die Blätter groß und horizontal angeordnet sein müssen, um das wenige Sonnenlicht optimal nutzen zu können: Glänzende, wachsartige Oberflächen verhindern, daß Feuchtigkeit durch Verdunstung verlorengeht. Ähnliches gilt für die Blätter von Waldgehölzen und Stauden aus gemäßigteren Regionen; auch sie sind oft großflächig und horizontal angeordnet, um ausreichend Licht zu erhalten. Die Pflanzen profitieren von der Feuchtigkeit, die durch die Baumkronen gehalten wird.

Kakteen haben sich wohl am besten an die klimatischen Verhältnisse angepaßt. Sie können während der kurzen, intensiven Regenfälle in der Wüste sehr viel Wasser speichern. Das Regenwasser wird direkt in den unteren Pflanzenbereich und zu den Wurzeln geleitet.

Es gibt die unterschiedlichsten Blattkonstruktionen, einige der häufigsten sind in Abbildung 4 dargestellt (*siehe S. 29*).

In der Natur finden sich auch sehr helle Blätter, was auf eine Mutation durch einen Virus oder eine genetische Laune zurückzuführen ist. Je heller ein Blatt, desto geringer der Chlorophyll-Anteil, und desto weniger kann Sonnenlicht absorbiert werden – deshalb verbrennen diese Blätter bei starker Sonne. Andere Blätter sind rot oder braun – ein Schutz gegen Insekten und andere Angreifer. Zu den Abwehrmechanismen gehören auch Stacheln, Dornen und Haare an Stämmen und Blättern, wodurch eine Pflanze schwerer anzunagen ist – oder giftige Blätter und Wurzeln. Ein Grund dafür, daß es lange dauerte, bis Tomaten und Kartoffeln in Europa populär wurden, war, daß man nicht nur die Früchte und Knollen, sondern auch die Blätter verzehrte – mit unangenehmen Konsequenzen!

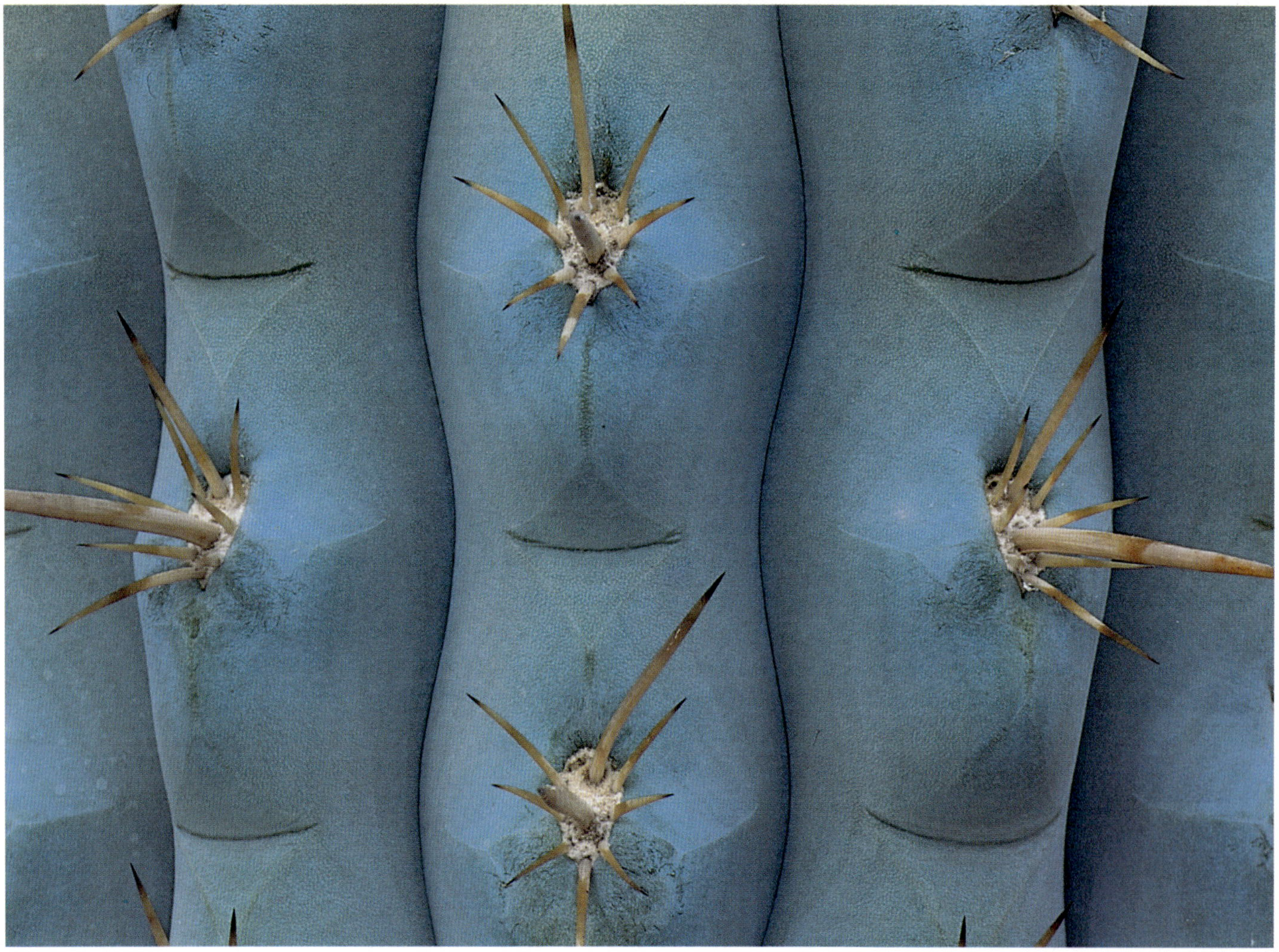

Kakteen wie dieser *Azureocereus hertlingianus* (oben) oder *Pachycereus pringlei* (rechts) haben faszinierende Oberflächen; sie sind zwar nicht winterfest, können aber den Sommer über in Töpfen in Rabatten stehen, wo sie einen interessanten Kontrast zu den uns vertrauteren Stauden bilden.

Blattfärbungen gehören zu den schönsten Anblicken im Herbst. Einige Pflanzen sind bekannt dafür, daß sie sich gut verfärben; die Intensität und Dauer der Farbenpracht hängt aber oft auch von den Wetterverhältnissen ab.

Die Farbigkeit der Blätter ist abhängig von den Anteilen bestimmter Pigmente, die eine wichtige Aufgabe bei der Photosynthese spielen. Das wichtigste Pigment ist Chlorophyll – je grüner ein Blatt, desto höher ist der Chlorophyll-Anteil. Rote und dunkelbraune Blätter enthalten einen höheren Anteil von Anthocyanin. Carotin ist ein orangefarbenes Pigment, und Xanthrophyll ist überwiegend gelb. Der Anteil dieser Pigmente in einem Blatt bestimmt die Farbgebung.

Die Herbstfärbung ist die Reaktion einer Pflanze auf Jahreszeiten. Das kann sehr schnell, aber auch sehr langsam geschehen, abhängig von der Pflanze und der Witterung im Herbst. Zu diesem Zeitpunkt wird die Energie der Pflanze eher zur Nahrungsspeicherung als für die Produktion verwendet.

Der Amberbaum in meinem Garten verändert seine Blattfärbung im Herbst besonders langsam; erst werden die Blätter schmutzig grün, dann aber nehmen die roten Pigmente überhand, weil der Chlorophyll-Anteil in den Blättern reduziert wird. Der Baum ist dann leuchtend rot mit etwas Orange. Das geschieht ganz unabhängig vom Wetter. Bei meinem anderen Solitärbaum, einer besonders schönen Birke (*Betula maximowicziana*), richtet sich die Farbpracht im Herbst ausschließlich nach der Witterung.

Ich hatte mich schon gefragt, weshalb ich diesen Baum überhaupt gepflanzt hatte, bis zu jenem Herbst, als es tagsüber lange trocken und sonnig blieb und nachts sehr kalt wurde. Die Blätter produzierten tagsüber weiterhin die Nahrung, aber der Übergang zur Nahrungsspeicherung wurde nachts durch die Kälte verlangsamt. Das Laub verfärbte sich leuchtend dottergelb, und jedes große, herzförmige Blatt wirkte vor dem blauen Himmel überwältigend. Ich hatte einfach vergessen, was für

Je größer ein Blatt, desto gröber wirkt die Textur. Links sind die klar definierten, mittelgroßen Blätter der Elfenblume (*Epimedium* x *perralchicum*) zu sehen, die feiner wirken als das robuste, riesige Laub des Schaublatts (*Rodgersia podophylla*) und die großen Blätter von *Lysichiton americanus* (rechts).

ein besonders schöner Herbstbaum dies war – er brauchte eben trockene, sonnige Tage und kalte Nächte. Die Blätter fielen dann alle zum selben Zeitpunkt, so daß auf dem Boden ein großer sonnengelber Ring verblieb.

Auch Stauden haben teilweise eine schöne Herbstfärbung, aber nicht so spektakulär wie Bäume und Sträucher. Funkien können in einem trockenen Herbst ihr Laub halten, das sich dann leuchtend gelb färbt. Ziergräser nehmen Beige- oder Goldtöne an, sobald die Pigmente reduziert werden. Bei einigen Pflanzen mit leicht rötlichen Blättern wie *Bergenia* und *Heuchera*, werden die Farben bei kälterem Wetter intensiver. Die Goldfärbungen einiger Immergrüner, Stechpalmen, Ölweiden und Buchsbaum scheinen im Winter ebenfalls intensiver zu werden; das liegt vielleicht aber auch daran, daß kaum noch Konkurrenz durch andere Pflanzen vorhanden ist.

Gestalten mit Blättern

Nicht nur die Wuchsform einer Pflanze, auch die Textur und die Farbe sind sehr wichtig.

Texturen können fein, mittel oder grob, matt oder glänzend, schwer oder leicht sein – oder aus einer Kombination dieser Attribute bestehen. Die wie gelackt wirkenden Blätter einer Lorbeerkirsche, die steif vom Zweig abgewinkelt wachsen, können als grob und glänzend beschrieben werden; Rosmarinlaub wiederum als fein und matt. Wenn ein Blatt mit kleinen Härchen bedeckt ist, absorbiert es Licht und wirkt weicher. Diese Charakteristika werden durch die physikalischen Eigenschaften der Blätter, Zweige und Rinde bestimmt, diese bedingen einander und sind davon abhängig, wie Licht von der Oberfläche absorbiert oder reflektiert wird.

(Links oben) Das Heiligenkraut (*Santolina neapolitana* 'Edward Bowles') hat zarte, lappige Blätter und dichtes, silbriges Laub, das im Gegensatz zur fleischigen Fetthenne (*Sedum spectabile*) im Hintergrund weich und filigran wirkt. (Links unten) Die weichen, großen Blätter des Schildblatts (*Peltiphyllum*) reflektieren das Licht, während die sehr ausdrucksstarke Blattoberfläche des Chinesischen Kohls 'Nagaoke' (rechts) das Licht absorbiert.

Generell gilt, je größer das Blatt und je schwerer der Zweig, desto grober die Wirkung. Aber auch eine offene Laubbildung kann eine Pflanze grob erscheinen lassen. Kleinblättrige Pflanzen wie Buchsbaum, die dichtes Laub haben, wirken weicher.

Die Form der einzelnen Blätter hat ebenfalls Einfluß auf das Erscheinungsbild einer Pflanze; stark strukturierte Blätter empfinden wir weicher als große, einfache. Stellen Sie sich einen Frauenhaarfarn vor – was könnte feiner und weicher wirken als die exquisiten Blattwedel, die aus winzigen Blättchen an dunklen, drahtigen Stengeln bestehen? Im Vergleich wirkt ein Hirschzungenfarn mit einzelnen, breiten Blättern eher grob.

Bei der Gestaltung sollten die Texturen von Blattpflanzen und ihre Wechselwirkung bei Gruppierungen beachtet werden. Weiche, matte Texturen wie bei Eibe, Rot- oder Weißbu-

Nutzpflanzen wie Senf und Kohl (links oben) haben oft interessantes Laub. Kontraste machen eine Bepflanzung lebendiger (links unten); die rundlichen Funkien-Blätter passen gut zu den schmalen Blättern der Montbretie (*Crocosmia*) und den linaer-lanzettlichen Blättern des Lungenenzians. Ähnlich kontrastreich wirken auch die Farnwedel (rechts) mit den runden Funkien-Blättern und den gefingerten Blättern des Schaublatts.

che bilden schöne Hintergründe, vor denen andere Pflanzen gut zur Wirkung kommen. Glänzende, grobe Stechpalmen hingegen würden vom Vordergrund ablenken. Wenn es jedoch eine Begrenzung zu betonen gilt oder Aufmerksamkeit erregt werden soll, sind Stechpalmen kaum zu überbieten.

Viele unterschiedliche Texturen, Größen und Formen lassen Pflanzengruppen lebendig und interessant wirken; sie fallen uns durch das Muster auf, das sie erzeugen. Eine Gruppierung muß aber sorgfältig überlegt sein. Stellt man viele unterschiedliche Pflanzen nebeneinander, ist die Wirkung nicht sehr vielversprechend. Einfachheit ist der Schlüssel zu einer erfolgreichen Gartengestaltung.

Kontraste sollten nicht einfach als krasse Gegensätze verstanden werden – ein hoher, aufrechtwachsender Baum neben einem sehr flachen, bodendeckenden Strauch ist ein zu harter Übergang. Wird allerdings eine offene Form dazu gesetzt, wirkt die Komposition ausgewogen und harmonisch.

Gartenliebhaber der nördlichen Regionen sind vertraut mit weichen, gleichmäßigen Formen und fließenden Linien; sie sind meist überwältigt von tropischen Gärten mit spitzen Palmen, stacheligen Kakteen, bodendeckenden Sukkulenten und glänzenden, großblättrigen Pflanzen. Natürlich ist das, was man selbst nicht haben kann, immer faszinierend, aber die dramatischen Effekte derartiger Pflanzen können ähnlich auch in unseren Gärten erreicht werden. Nicht jeder möchte diese exotischen Pflanzen tatsächlich auch ansiedeln – was ohne ein beheizbares Gewächshaus sowieso kaum möglich wäre. Einige Pflanzen aber, die hier gedeihen, wie die *Gunnera manicata*, haben exotisch anmutende Blätter, das gleiche gilt für die farnartigen Wedel des Götterbaums (*Ailanthus altissima*). Bambus ist von Natur aus eine exotische Pflanze, aber so winterhart, daß viele Sorten auch im Winter überleben können. Wenn derartige Pflanzen Teil der Gartengestaltung sind, sollten sie so gesetzt werden, daß ihre ganze Schönheit zur Wirkung kommt und ein Gartenteil besonders betont wird. Gleichermaßen profitieren Fokuspunkte in einem Garten von einer strukturgebenden Pflanze. Ein Essigbaum (*Rhus typhina*) etwa sollte vor einen hellen Hintergrund, oder etwas erhöht gepflanzt werden, so daß die gebogenen Zweige und palmenähnlichen Blätter als Silhouette vor freiem Himmel zu sehen sind. Zu den schönsten Bäumen gehört der Hartriegel *Cornus controversa* 'Variegata' mit seinen kleinen, zweifarbigen Blättern an Zweigen, die horizontal wie in Schichten angeordnet erscheinen. Ich habe diesen Baum am Fuße eines leicht ansteigenden Waldgartens bewundert. Er ist ein absoluter Anziehungspunkt, der dazu anregt, einen Garten weiter zu erkunden. Der Baum ist ein äußerst effektiver und dramatischer Blickfang, der die Stimmung eines ganzen Gartens beeinflußt. Hat man diesen Baum an dieser Stelle gesehen, weiß man, daß der gesamte Garten überlegt und erfolgreich angelegt ist.

Einige Pflanzen wirken spektakulär aufgrund ihres exotischen Erscheinungsbildes oder ihrer ungewöhnlichen Farbgebung, wie die „tropische Rabatte" (oben) mit *Canna*, *Ricinus*, *Jacaranda* und vielen anderen, nicht winterfesten Begleitern verdeutlicht. Es gibt Pflanzen, die einzeln so beeindruckend und elegant sind wie der rechts abgebildete, zweifarbige Hartriegel *Cornus controversa* 'Variegata' – sie verdienen einen ganz besonderen Platz.

Farbe

Farbe ist ein emotionsgeladenes Thema, das nicht nur Gartenliebhaber erregt – „Ich kann violett nicht ausstehen!“, „Noch ein weißer Garten, wie furchtbar!“ Farben beeinflussen unser Leben auf vielfache Weise. Ein grauer Himmel macht traurig, Sonnenschein bewirkt das Gegenteil. Rot kann ein Zeichen für Wut oder Gefahr sein, Grün kühlt und tut der Seele gut.

Einfarbige Themen sind sehr beliebt, wie der berühmte weiße Garten in Sissinghurst oder die roten Rabatten in Hidcote. Grüne Gärten sind weniger verbreitet, obwohl in Japan, besonders bei Tempelanlagen, eine ausgewogene Gestaltung vor allem mit dem Grün von Blättern erreicht wird. Selbst Privatgärten, besonders in Ländern mit wenig Grünflächen, sind Miniaturanlagen, in denen die natürliche Umgebung – Wald, Berge und Täler – nachempfunden wird. Moosgärten sind ein extremes Beispiel für die Verwendung nur einer Farbe. Der Boden ist mit Moosen und Flechten bedeckt, beschattet von beschnittenen Pinien und Bambusgruppen. Schmuckelemente werden sehr sparsam eingesetzt – die Attraktion liegt in der spirituellen Ausstrahlung eines solchen Gartens.

Der Renaissance-Garten ist ebenfalls einfarbig. Hecken und Bäume sorgen dafür, daß die Aufmerksamkeit ganz auf die Architektur und die Statuen gelenkt wird. Wie im Moosgarten sind nur wenige Pflanzenarten vertreten. Meist wird Buchsbaum für niedrige Hecken und Formschnitte verwendet; die immergrüne Steineiche (*Quercus ilex*) zusammen mit Lorbeer (*Laurus nobilis*) und Zypressen (*Cupressus sempervirens*) wird für den Hintergrund benutzt. Zypressen und Schirmkiefern betonen die Vertikale. Als Bodendecker sind Efeu und Gräser anzutreffen. Der „Rasen“ besteht oft aus Pflanzen, die wir zwar in einem Blumenbeet ansiedeln würden, die aber in einer gepflegten Rasenfläche nichts zu suchen haben – wie Braunelle, Günsel und kriechende Minze. Streng formal angelegt, haben Gärten im Renaissance-Stil einen hohen intellektuellen Anspruch, der heute kaum noch nachvollzogen werden kann.

Einfarbige Farbgestaltungen sind sehr beliebt: weißgestreifte Funkien, weiße Stiefmütterchen und die Tulpen 'White Dream' und 'Maureen' (links). Die Eselsdistel (*Onopordum acanthium*) bildet einen starken Kontrast zu den Blüten der *Crambe cordifolia* und der Rose 'Jacqueline Du Pré' (rechts).

Harmonien und Kontraste können auch in einem monochromen Garten realisiert werden, denn obwohl er „nur" Grün aufweist, gibt es doch eine Vielzahl dieser Farbtöne, vom silbrig graugrünen Beifuß bis zum schwarzgrünen Schlangenbart. Der hier gezeigte Farbkreis zeigt, wie viele Farben Ihnen bei der Planung eines Laubgartens zur Verfügung stehen.

Eine Farbharmonie wird durch im Farbkreis benachbarte Farben erreicht. Auf dem normalen Farbkreis sind Rot, Blau und Gelb die Primärfarben – Farbharmonien erhält man durch Rot, Violett und Blau; Blau, Grün und Gelb; Rot, Orange und Gelb; Rot Violett und Orange usw.

Grüntöne können ähnlich wie der „normale" Farbkreis angeordnet werden– sie reichen von Blaugrün über Gelbgrün bis zu Rotgrün mit vielen Abstufungen. So, wie der normale Farbkreis für die Zusammenstellung der Blütenfarben ausschlaggebend ist, kann der „Grüne Farbkreis" zum Anordnen von Blätter-, Rinden- und Beerenfarben verwendet werden.

Im Uhrzeigersinn, oben links beginnend:
Schuppenrindenhickory (*Carya ovata*) – Buttergelb;
Strohblume (*Helichrysum petiolare* 'Limelight') – silbriges Hellgelb;
Beifuß (*Artemesia ludoviciana* 'Silver Queen') – Silbergrau;
Haargerste (*Elymus magellanicus*) – Hellgrau;
Funkie (*Hosta sieboldiana* var *elegans*) – Schiefergrau;
Eryngium bourgatii 'Oxford Blue' – Blauviolett;
Kriechender Günsel (*Ajuga reptans* 'Atropurpurea') – Lila;
Schlangenbart (*Ophiopogon planiscapus*'Nigrescens') – Schwarzgrün;
Schaublatt (*Rodgersia podophylla*) – Braun;
Magnolie (*Magnolia grandiflora*) – Dunkelgrün/Khaki;
Mammutblatt (*Gunnera manicata*) – Mittelgrün;
Felberich (*Lysimachia nummularia* 'Aurea') – Schwefelgelb.

Meist dominieren zwei Farben, während die dritte für einen speziellen Effekt sorgt. Diese Vorgehensweise läßt sich auf den grünen Farbkreis übertragen, so daß Silbergrau (Ziest – *Stachys byzantina* 'Cotton Boll)', Taubengrau (*Lychnis coronaria* 'Alba') und Silbergelb (Königskerze – *Verbascum pulverulentum*) zusammenpassen würden, oder frisches Violett (Weinrebe – *Vitis vinifera* 'Purpurea') mit dunklem Rotgrün (Salbei – *Salvia officinalis* 'Purpurea') und einem Hauch Rostbraun (Segge – *Carex comans*, bronzefarbene Sorten). Die Arbeit mit Grüntönen ist nicht ganz einfach, weil die Unterschiede gering sind, aber mit etwas Erfahrung werden Sie schnell die Vielfalt der Grüntöne sehen lernen.

Farbkontraste entstehen durch die Komplementärfarben – Farben, die sich auf dem Farbkreis gegenüberliegen. Im normalen Farbkreis bilden Violett und Gelb, Blau und Orange sowie Rot und Grün die Komplementärfarben. Auf dem grünen Farbkreis erhalten Sie als Kontrast zu Schiefergrau und Hellgrau ein Buttergelb, oder Silbergrau und Gelb kontrastieren mit dunklem Violett. Fügen Sie dann noch Pflanzen mit mehrfarbigen Blättern hinzu und berücksichtigen Stengel- oder Stammfarben und die Beeren, wird es wirklich kompliziert. Pflanzen haben jedoch eine vorherrschende Farbe, sei es Gelb, Weiß, Rot, Blau oder Violett, und lassen sich so dem grünen Farbkreis zuordnen.

Eine andere Möglichkeit, Farben zu wählen, besteht darin, sich nach der Natur zu richten. Wenn Sie die Jahreszeiten genau beobachten, können Sie feststellen, daß in jeder Saison ein anderes Farbthema vorherrscht. Im zeitigen Frühjahr finden Sie viele leuchtende Gelbtöne, dunkles Violett und helles Grün. Die Zwergkonifere *Pinus mugo* 'Ophir', Hartriegel (*Cornus stolonifera* 'Flaviramea'), Günsel (*Ajuga reptans* 'Catlin's Giant') und gelb- und grünblättrige Formen von Kalmus (*Acorus gramineus* 'Ogon') können im zeitigen Frühjahr all diese Farbtöne erzeugen. Zum Sommer hin werden die Farben satter, sie verlieren ihre Frische, bis am Ende der Vegetationszeit die feurigen Rot-, Honig- und Bernsteintöne dominieren, die

Gelbblättrige Pflanzen verbrennen leicht; Flattergras *Milium effusum* 'Aureum' (links), hier zusammen mit der Funkie (*Hosta fortunei* var. *albopicta*) und einer orangefarbenen Hybride der Trollblume, hellt eine halbschattige Ecke auf. Sonnenlicht verstärkt die Rotfärbung des Salats 'Petite Rouge' (rechts).

Kontrastierende Farbzusammenstellungen sind immer etwas schwierig und werden oft negativ empfunden. Besonders vorsichtig muß man mit Magentarot und sattem Orange umgehen. Hier wurde der Kohl 'Christmas Mix' mit der kürbisfarbenen Ringelblume (*Calendula* 'Orange King') kombiniert.

an reife Kornfelder erinnern. Ein Feld mit reifem Weizen – nicht mit Spritzmitteln behandelt – mit seinen leuchtendroten Mohnblüten bietet einen unvergeßlichen Anblick. Dieses Sommerbild kann man auch im Garten einfangen – durch das zarte Federgras *Stipa tenuissima*, das einen Beigeton annimmt, zusammen mit der gelben Kamille *Anthemis tinctoria* 'E.C. Buxton' . Winter ist eine monotone Zeit, in der dunkle Äste vor grauem Himmel zu sehen sind und Immergrüne den Garten beherrschen. Eine einfache Aussage, wie die Schwarzbirke *Betula nigra* 'Heritage' mit ihrer weißen, apricotüberzogenen Rinde, präsentiert vor der dunklen Masse einer Eibenhecke, gibt die Quintessenz des Winters wieder.

So, wie sich Formen und Texturen von Blattpflanzen zur Manipulation der Landschaft benutzen lassen, können auch Farben Einfluß darauf haben, wie wir einen Garten empfinden. Es gibt bestimmte Farbeigenschaften, die sich ausschöpfen lassen, um eine Stimmung hervorzurufen, Perspektiven scheinbar zu verändern oder die Aufmerksamkeit zu erhöhen. Bei der Planung eines grünen Gartens ist zu berücksichtigen, daß dunkle, schmutzige Farben bedrückend wirken können und deshalb nur sparsam einzusetzen sind, etwa als Gegengewicht zu leuchtenden Farbflecken. Verwendet man überwiegend graue und silbrige Töne, erzeugt man eine mediterrane Wirkung; in sonnigen Regionen werden diese Töne aber meist mit leuchtenden Blütenfarben kombiniert. Will man einen japanischen Garten in unseren Breiten anlegen, läßt sich die leicht monotone Wirkung durch weiße, cremefarbene und elfenbeinfarbene Blätter und Blüten auflockern.

Weitere Gestaltungsformen

Es gibt viele Möglichkeiten, einen Garten anzulegen, in dem Laub und nicht Blüten dominieren. Wenn die Überlegungen zu Farben, Proportionen und Formen für Ihren Geschmack

Santolina 'Lemon Queen', Rosmarin, Buchsbaum und *Artemisia* bilden hier die verwobenen Bänder eines Flechtgartens. Diese Verwendung von Blattpflanzen hat eine lange Tradition; der erstaunliche Effekt wird durch unterschiedlich hohe Schnitte der Hecken erreicht.

ein wenig zu theoretisch sind, können Sie auch ganz anders vorgehen: Wählen Sie ein bestimmtes Thema und suchen Sie die dazu passenden Pflanzen aus. Einer der großen englischen Gärtner, E. A. Bowles, hat einen Teil seines Gartens in Myddleton House für botanische Kuriosiäten reserviert. In meinem Bekanntenkreis wird gerade ein „Gruselkabinett" eingerichtet – eine Ecke für Pflanzen mit grotesk aussehenden Stämmen und Zweigen, großen Stacheln oder furchtbarem Geruch – nicht unbedingt ein Garten zum Verweilen. Braunblättrige Pflanzen würden sich gut als Thema eignen, vom eindrucksvollen Federmohn (*Macleaya cordata*), der über 2 m hoch werden kann, bis zum kleinen bodendeckenden Storchschnabel (*Geranium sessiliflorum novae-zelandiae* 'Nigricans'). Der Federmohn gehört zu den schönsten Laubstauden überhaupt, er sollte in keinem grünen Garten fehlen. Die Blätter sind graugrün mit einem Hauch Kupfer, die Blütenstände blaßrosa.

Geranium sessiliflorum novae-zelandiae 'Nigricans' breitet sich schnell aus. Sie ist die ideale Pflanze mit braunem Laub. Die weißen Blüten leuchten wie kleine Sterne. Es gibt viele winterharte Storchschnäbel mit gutem Laub, die es wert sind, gesammelt zu werden. Ich würde mit *Geranium robertianum* anfangen, eine Pflanze, die oft auch am Wegesrand in der Natur anzutreffen ist. Ihre Blätter sind tief gezähnt und wirken sehr leicht. Zum Herbst ändert sich die Farbgebung von Smaragdgrün zu Rubinrot. Sie duften stark harzig. Den ganzen Sommer über ist die Pflanze in kleine rosa Blüten gehüllt. Die weißblühende Sorte 'Album' ist noch schöner; es handelt sich um eine einjährige Pflanze, die sich selbst aussät. *G. macrorrhizum* 'Ingwersen's Variety' hat einen ähnlichen Duft, die Blätter sind abgerundet mit behaarter Oberfläche – auch sie nimmt eine attraktive Herbstfärbung an. *G. renardii* duftet kaum, aber die Blätter haben ein schönes Graugrün, und die Pflanze ist im Sommer mit weißen Blüten bedeckt.

Wenn das noch nicht reicht, gibt es die vielen duftenden Pelargonien, zarte Verwandte der winterharten Gruppe, aber mit Blättern, die vorrangig wegen ihres Duftes ausgewählt werden. Zu den aromatischsten gehört 'Mabel Grey' – diese Sorte war schon in viktorianischen Wintergärten sehr beliebt. Die steifen, gesägten Blätter duften nach Zitrone und sehen wie kleine Fächer aus. 'Chocolate Peppermint' ist tief gelappt, hat eine behaarte Oberfläche, und die Mitte jedes Blattes weist einen schokoladenbraunen Fleck auf. 'Acushla' hat daumengroße perlgraue Blätter, die stark nach Äpfeln und Weihrauch duften. 'Odoratissimum' riecht nach Sandelholz und Orangen und *Pelargonium crispum* 'Variegatum' hat kleine, runzelige Blätter mit cremefarbenen Stellen, die einen Pfefferminzduft verströ-

Die Zitronenmelisse *Melissa officinalis* 'Aurea' hat Blätter mit leuchtendgelben Flecken; sie eignet sich ideal zum Aufhellen einer dunklen Gartenecke.

men. Es gibt sehr viele interessante Sorten, so daß man schnell zum Sammler werden kann. Da die Duftpelargonien nicht winterhart sind, habe ich sie in Töpfe gesetzt, die nur im Sommer auf der Terrasse stehen. Dort freuen sie sich inmitten von Orangen-, Zitronen- und Olivenbäumchen über jeden Sonnenstrahl und erinnern mich an liebgewonnene Gärten in der Toskana. Den Winter verbringen sie dann frostfrei im Gewächshaus. Sobald der Frühling naht, werden sie in frische Erde umgetopft und zurückgeschnitten, um das Wachstum neuer, duftender Blättchen anzuregen. Ihre merkwürdigen Texturen, Formen und attraktiven Blattfärbungen reizen dazu, sie anzufassen – und dann verströmen sie ihren herrlichen Duft.

Kräutergärten Kräutergärten sind eigentlich Laubgärten mit wunderbar aromatisch duftenden Pflanzen. Versuchen Sie, den praktischen Nutzen etwas zu vergessen, und betrachten Sie die Pflanzen als zierende Sträucher, Stauden oder Einjährige. Sehen Sie sich die Formen und Farben einzelner Blätter genau an, wird deutlich, wie geeignet diese Pflanzen auch im normalen Ziergarten sind.

Lavendel fehlt in kaum einem Kräutergarten. Die ganze Pflanze duftet sehr intensiv. Lavendelblüten sind außer malvenfarbig auch weiß, violett und rosa; neuseeländische Züchtungen wie die rosa *Lavandula* 'Marshwood' und die violette *L.* 'Helmsdale' haben einen starken Duft. Das Laub ist meist linear, fühlt sich weich an und erscheint in vielen Grautönen; *L.* 'Sawyers' hat breitere und silbrigere Blätter als einige neuere Sorten; *L. lanata* hat besonders weiche, wollige Blätter, die Blätter von *L. canariensis* und L. *dentata* sind stark gezähnt.

Der hochwachsende Fenchel (*Foeniculum vulgare*) mit seinen feinen, filigranen Blättern paßt gut zu Rosen und Rittersporn. Den bronzeblättrigen Fenchel (*F. v. purpureum*) sieht man oft zusammen mit diesen Blumen, so daß man leicht die klare grüne Farbgebung des normalen Fenchels vergißt. Fenchel sät sich problemlos selbst aus. Dill (*Anethum graveolens*) hat ebenfalls fedrige Blättchen, wird aber nur etwa 45 cm hoch und sollte deshalb eher zu niedrigeren Stauden gepflanzt werden. Besonders schön sieht Dill mit dem goldgestreiften Pfeifengras *Molinia caerulea caerulea* 'Variegata' und Frauenmantel (*Alchemilla mollis*) aus. Zitronenmelisse (*Melissa officinalis*) ist ein schneller Bodendecker, der stark nach Zitronen duftet; die Sorte 'All Gold' hat gelbe Blätter und verträgt wenig direktes Sonnenlicht, da die Blätter sonst verbrennen.

Das zarte Laub der Süßdolde (*Myrrhis odorata*) ist hellgrün und riecht nach Anis. Die Pflanze wird recht hoch und eignet sich deshalb gut für den Hintergrund einer Rabatte.

Kräuter sind teilweise ausgezeichnete, strukturgebende Pflanzen – mit klaren Konturen, die als Blickfang im Garten verwendet werden können. Dazu zählt die Artischocke *Cynara cardunculus*; sie hat im Vergleich zur Gemüseartischocke tiefer gelapptes Laub, wobei die einzelnen Blätter feiner zerteilt und silbriger sind. Im zeitigen Frühjahr, wenn die Pflanze aus der Erde kommt, kann sie ausgegraben, geteilt und wieder eingepflanzt werden; dadurch erhält man noch schöneres Laub. Sie bildet schnell einen großen Horst, aus dem die dornigen Blütenköpfchen emporwachsen. Die Blütenstände sollten entfernt werden, da das Laub vergeht, sobald die Pflanze Blüten ausbildet; schneiden Sie die Blütenstengel so nah über dem Boden ab wie möglich.

Die gefiederten Blätter des Liebstöckel (*Levisticum officinale*) sind dunkelgrün, glänzend und wirken etwas grob. Die große Engelwurz (*Angelica archangelica*) hat eine ähnliche Blattform, das Laub ist aber etwas heller und größer. Die Stiele und Blätter von *A. gigas* haben einen weinroten Schimmer.

Laurus nobilis, der sehr beliebte Lorbeer, wird vielfach für Hochstämmchen und Formschnitte verwendet. Seine Blätter sind steif, ledrig, in einem dumpfen Mittelgrün. Wenn Sie zwar die Form, aber eine interessantere Farbe möchten, können Sie auch die Sorte *L. n.* 'Aurea' mit ihren goldgrünen Blättern ausprobieren. Das helle Laub verbrennt leicht bei starker Sonne, so daß die Pflanze am besten im Halbschatten stehen sollte. Die schöne weißgefleckte Sorte 'Morroway Silver' wirkt, als wäre die Pflanze mit einem starken Bleichmittel besprüht worden.

(Links) Bei einigen panaschierten Pflanzen erscheint die zweite Farbe entlang der Blattränder wie bei *Phlox paniculata* 'Norah Leight' und den langen, spitzen Blättern der Binsenlilie *Sisyrinchium striatum*.
(Oben) Mit der Zweifarbigkeit von Blättern lassen sich hübsche Effekte erzielen, wie aus dieser Zusammenstellung des Spindelstrauchs *Euonymus* 'Emerald Gaiety' und der hellgrünen Johannisbeere *Ribes sanguineum* 'Brocklebankii' deutlich wird.

Mehrfarbige Blätter Die Mehrfarbigkeit von Blättern (Panaschierung) bietet für viele Gartenliebhaber und Gestalter eine ganz besondere Faszination. Für meinen Geschmack – und all diese Überlegungen sind sehr persönliche Ansichten – reichen wenige mehrfarbige Blätter aus. Man muß sich vorsehen, nicht zu viele mehrfarbige Pflanzen zu setzen; durch die Panaschierung gehen andere Charakteristika der Pflanze verloren, so daß bei einer Vielzahl von mehrfarbigen Blattpflanzen die Gesamtwirkung eher einer wahllosen Sammlung gefleckter Blätter entspricht. Setzt man diesen Effekt aber sparsam ein, kann eine Gestaltung durch die Mehrfarbigkeit zu etwas ganz Besonderem werden.

Ich selbst mag mehrfarbige Blätter am liebsten in Bodennähe, wo das Laub wie ein bunter Teppich die Erde bedeckt. Taubnesseln bilden sehr prächtige Farbteppiche auf feuchtem, halbschattigen Boden. *Lamium galeobdolon* 'Hermann's Pride' hat hellsilbrige Blätter mit grünen Adern. *L. g.* 'Silberteppich' hat überwiegend silbrige Blätter. *L. maculatum* 'White Nancy' blüht weiß und hat silbrige Blätter, während *L. m.* 'Aureum' kanariengelbes Laub mit Silber entlang der Mittelader aufweist; diese Sorte wirkt besonders gut mit der goldfarbenen Segge *Carex elata* 'Aurea' und mit Pflanzen, deren Laub grüngelblich ist. Das Lungenkraut ist ebenfalls ein guter Bodendecker für einen feuchten, halbschattigen Standort; die Blattformen reichen von Ovalen bis zu schmalen Lanzetten, wie bei *Pulmonaria longifolia* 'Bertram Anderson'. Eine Panaschierung tritt meist in Form von silbrigen Flecken auf, *P. rubra* 'David Ward' aber hat weiche, grüngraue Blätter mit cremefarbenen Rändern.

Das Immergrün (*Vinca major* 'Variegata') mit seinen gelben und grünen Flecken auf den Blättern liebe ich besonders. Die Pflanze breitet sich sehr schnell aus. *V. minor* 'Argenteovariegata' hat zarte, weiße Ränder und kleine Flecken an den Blattspitzen, ebenso das Dickmännchen *Pachysandra terminalis* 'Variegata', ein weiterer ausgezeichneter Bodendecker.

Die rundlichen, silbrigen Blätter des Steinbrechs *Saxifraga stolonifera* sind mit Härchen bedeckt und weisen das gleiche Rot wie die kriechenden Ausläufer auf. Im Sommer entwickeln sich bis zu 45 cm hohe Blütenstiele mit weißen Blütchen. Eine beeindruckende Pflanze, die auch stärkeren Frost verträgt und deshalb nicht, wie meist üblich, nur auf der Fensterbank stehen muß.

Viele Blattpflanzen bilden im Herbst bunte Beeren, die bei der Gartengestaltung berücksichtigt werden sollten: die gelben Beeren der Stechpalme *Ilex aquifolium* 'Bacciflava' (links), die rosafarbenen Früchte der Eberesche *Sorbus* 'Kirsten Pink' (rechts) und die bekannten roten Beeren von *Cotoneaster marquandii* (gegenüber).

Das pfeilförmige Laub des Aronstabs (*Arum italicum italicum* 'Marmoratum') hat ein glänzendes, sattes Grün, wobei die Adern in einem silbrigen Cremeton stark betont sind. Vom zeitigen Frühjahr bis zum Hochsommer sehen die Blätter wunderschön aus, besonders als Bodendecker in Verbindung mit Funkien und Lenzrosen. Wenn die Blätter gefallen sind, kann man sich an den leuchtenden roten Beeren erfreuen.

Es gibt viele Bäume mit mehrfarbigen Blättern; wenn Sie sich für einen solchen entscheiden, sollten Sie ein ganz besonders schönes Exemplar wählen. Abgesehen vom Hartriegel, der zuvor beschrieben wurde, ist auch *Quercus cerris* 'Argenteovariegata', die Eiche mit hellpanaschierten Blättern, ein unvergeßlicher Anblick.

Beeren Außer Laub und Rinde bestimmt auch der Beerenschmuck den Wert einer Pflanze; durch ihn können die dunklen Jahreszeiten mit leuchtendem Rot, Gelb und Orange, Blau und Schwarz aufgeheitert werden. Die Farbe der Beeren ist aber oft genauso schnell vergänglich wie die Blüten, aus denen sie entstehen. Es kann sogar vorkommen, daß der Beerenschmuck in wenigen Minuten verschwindet – als Nahrung für einen hungrigen Vogelschwarm. Viele Naturliebhaber wählen aber gerade aus diesem Grund gern Sträucher und Bäume aus, die für die Vogelwelt wertvolle Früchte tragen.

Stechpalmen und Cotoneaster gehören zu den bekanntesten beerentragenden Sträuchern, fast ebenso verbreitet sind Feuerdorn (*Pyracantha*) und Schneebeere. Knallbunte Beeren hat der Feuerdorn *Pyracantha coccinea*. Sie entstehen aus den süß duftenden weißen Blütchen, die den Strauch im Frühjahr einhüllen. Feuerdorne werden oft vor Mauern gepflanzt und lassen sich in Spalierform schneiden. *P. rogersiana*, *P.* 'Orange Glow' und der aufrechtwachsende *P. coccinea* 'Lalandei' tragen orangefarbene Beeren, oder, wie *P. rogersiana f. flava*, gelbe Beeren. Der Feuerdorn wächst an jedem Standort und ist sehr winterfest. Die schönsten orangefarbenen Beeren liefert aber der Sanddorn *Hippophae rhamnoides*; er benötigt nährstoffarmen Boden und einen sonnigen Platz. In Küstennähe und an sandigen Flußufern wächst er auch wild – in unseren Regionen ebenso wie in Nordwestchina. Seine gedrungene Form widersteht auch starken Wind – mit oder ohne Salzgehalt. Die Blättchen sind silbrig graugrün, und die Pflanze wirkt drahtig und eckig. Aus den kleinen Frühlingsblüten entwickeln sich imposante orangefarbene Beeren entlang der Zweige – vorausgesetzt, es sind eine weibliche und eine männliche Pflanze vorhanden.

Die Schneebeere (*Symphoricarpos albus*) bildet einen rundlichen Strauch mit einer Höhe von etwa 1,20 m. Die bogenförmigen Ruten tragen im Frühling hellrosa Blüten, aus denen

sich dann die Büschel weißer Beeren entwickeln. Die meiste Zeit im Jahr ist der Strauch eher unscheinbar. Er braucht feuchten Boden und ist recht winterhart. Ein Verwandter, *S.* x *chenaultii*, trägt dunklere Beeren und *S.* x *doorenbosii* 'Mother of Pearl' bildet Beeren mit cremefarbenen, pinkfarbenen und rosa Streifen und Flecken.

Der Bambus *Nandina domestica* wirkt das ganze Jahr über imposant; die Farben der Blätter reichen von Rosabraun bei den jungen Trieben bis zu Dunkelgrün und schließlich sattem Sepiabraun im Herbst, mit Büscheln glänzend rubinroter Früchte. Unter guten Bedingungen kann er auch eine niedrige Hecke bilden. Knallrote Beeren erscheinen auch am Holunder (*Sambucus racemosa* 'Tennuifolia') – er wächst zu einem rundlichen Busch heran, der durch seine extrem schmalen Blätter, die anfangs violett überzogen sind, sehr zart wirkt.

Blaue Beeren sind immer beeindruckend, vor allem die Saphirbeere mit ihren leuchtendblauen Früchten. Die Blätter sind stark strukturiert, glänzende grüne Ovale, und die Blüten erscheinen wie weiße Schneebälle, gefolgt von den schönen Beeren. Dieser Strauch benötigt sauren Boden und wird an einem sonnigen oder schattigen Standort bis zu 4,5 m hoch. Einige Schneeball-Arten haben leuchtendblaue Beeren; *V. davidii* trägt wunderschöne Beerentrauben über attraktivem, immergrünem Laub. *Drimys lanceolata* ist ein winterblühender, immergrüner Strauch mit schmalen, spitz zulaufenden Blättern und schillernden schwarzen Früchten; Blätter und Rinde riechen nach Zimt; die Blüten haben ein ähnliches Aroma, das in der kalten Jahreszeit überrascht. Der Hartriegel *Cornus sanguinea* hat rote Blätter und blauschwarze Beeren.

Mahonien besitzen geteilte Blätter, ähnlich denen der Stechpalmen. Aus den Blütentrauben, die nach Maiglöckchen duften, entwickeln sich blaue Früchte. *Mahonia aquifolium* verfügt über eine schöne Herbstfärbung, wobei die Blätter purpur überzogen sind. Aus den blauschwarzen Früchten kann man außerdem eine sehr gute, etwas säuerliche Marmelade kochen.

Hagebutten sind bekannt für ihre Verwendung als Marmelade und wurden wegen ihres hohen Vitamin-C-Gehalts auch schon sehr früh zur Herstellung von Heilsäften verwendet. Die beeindruckendsten Hagebutten bildet *Rosa rugosa* 'Scabrosa' aus. Das Laub hat die rauhe Textur und schöne Herbstfärbung anderer *Rugosa*-Sorten; eigentümlich ist die erstaunlich lange Blütezeit. Eine Hecke aus diesen Rosen, die zeitgleich mit buntem Herbstlaub, mit kirschroten Blüten und riesigen karmesinroten Hagebutten erscheinen, ist ein ganz besonderer Anblick. Die Rose vermehrt sich leicht durch Wurzeltriebe und kann zum Ende des Winters oder im zeitigen Frühjahr zurückgeschnitten werden. *R. nutkana* 'Plena' ist eine sehr kräftige Rose – im Herbst nehmen die neuen Triebe und die vielen Hagebutten eine satte Herbstfärbung an; die Pflanze sieht dann aus, als wäre sie in rote Farbe getaucht worden.

Aus vielen Blüten entstehen Samenstände mit interessanten Formen. Links sind die Samen der Mähnengerste (*Hordeum jubatum*) zu sehen und rechts die Fruchtstände der Küchenschelle (*Pulsatilla vulgaris*).

Blütenkätzchen führen oft ein Schattendasein, obwohl sie interessante Formen haben und das schwache Licht im Herbst oder zeitigen Frühling einfangen, wodurch eine Bepflanzung viel lebendiger wirkt.

Samen- und Blütenstände Blüten- und Samenstände können sehr attraktiv aussehen. Die Zweige der Haselnußsträucher, die die natürliche Begrenzung meines Gartens bilden, überraschen jedes Jahr wieder vom späten Winter bis zum Frühjahr mit ihren buttergelben Blütenständen, die aus dem Dickicht der dunkelgrünen Stechpalmen hervorleuchten. Während dieser Monate sitzen noch ein paar knallrote Beeren an den Stechpalmen, und beides zusammen sieht wirklich hübsch aus.

Die Haselnuß (*Corylus avellana*) bringt schöne Blütenstände hervor, und dann gibt es noch *C. a.* 'Contorta', mit seltsam verschlungenen Zweigen und herrlich gelben Blütenständen; im Sommer bietet dieser Strauch mit seinen runzeligen Blättern keinen besonderen Anblick , aber als kahles Gehölz im Winter und mit zunehmendem Alter ist er beeindruckend.

Itea ilicifolia ist ein immergrüner Strauch, dessen duftende Blüten an langen Kätzchen erscheinen. Am besten gedeiht er vor einer warmen Mauer. *Garrya elliptica* ist zwar winterhart, benötigt aber viel Sonne und Schutz für die im Winter erscheinenden Blüten. Unter guten Bedingungen entwickelt er sich zu einem schönen Strauch, mit silbrigen, flaumigen Blattunterseiten und blaßgrünen Kätzchen. *G. a.* 'James Roof' bringt besonders dekorative, bis zu 30 cm lange Kätzchen hervor.

Kätzchen sind auch die Hauptattraktion vieler Weiden, zu den hübschesten gehört *Salix lanata*. Ihre Kätzchen sehen wie kleine, aufrechtstehende Raupen aus. *S. magnifica* ist spektakulärer, mit ledrigen Blättern und sehr langen weiblichen Kätzchen. Die männlichen, aufrechten Kätzchen sind halb so lang und haben anfangs leuchtendrote Spitzen.

Die Gärten

Wie ein Garten angelegt und bepflanzt werden kann, sieht und lernt man am besten, wenn man sich unterschiedliche Gärten und Parks ansieht – beispielsweise die Anlagen in der Umgebung besucht, die Pflanzen, die einen am meisten interessieren, notiert, und sich mit anderen Gartenbesitzern unterhält. Auf diese Weise können Sie von den Erfolgen – aber auch den Mißerfolgen – anderer viel lernen!

Die zehn Gärten auf den folgenden Seiten zeigen, wie Blattpflanzen optimal eingesetzt werden. Es wird außerdem deutlich, wie man die Natur integrieren kann, um Gärten zu gestalten, die sich harmonisch in die Umgebung einfügen. Die Zeichnungen zu den jeweiligen Gärten sind als Anhaltspunkte gedacht, keinesfalls als genaue Anweisungen, die befolgt werden müssen. Es sind vor allem Anregungen, die auch auf die vielen Sorten innerhalb einer Gattung aufmerksam machen.

Betrachten Sie die Bilder, und lassen Sie Ihre Phantasie spielen. Nehmen Sie zunächst das Gartenkonzept im Ganzen auf und widmen Sie sich dann den Details – Pflanzengruppierungen, einzelnen Pflanzen – bis hin zu den Strukturen der Blätter, Rinden und Beeren.

Besonders im Winter betont das Glitzern der vereisten und mit Rauhreif überzogenen Gehölze deutlich die räumliche Wirkung der Bepflanzung.

Ein Wintergarten

Lesley Jenkins hat in ihrem Garten „Wollerton Old Hall" Blattpflanzen so eingesetzt, daß die Gestaltung das ganze Jahr über interessant wirkt und einen festen Rahmen für die übrige Bepflanzung gibt. Buchenhecken unterteilen die Fläche in separate Bereiche. Das Braun der Blätter aus dem Vorjahr bildet den Übergang zwischen den dunklen Grüntönen der in Form geschnittenen Eiben und den hellen Buchsbaumeinfassungen. Diese Sträucher tauchen immer wieder als strukturgebende Pflanzen auf.

Die Rotbuche (*Fagus sylvatica*) ist sehr robust und kann zu einem eleganten Baum heranwachsen; sie läßt sich aber auch gut beschneiden und ergibt dann eine dekorative Hecke. Obwohl sie laubabwerfend ist, bleiben die Blätter an den Zweigen, bis sich das neue Laub im Frühling entwickelt, so daß sie als „immergrün" angesehen werden kann. Für mein Empfinden wirken die vertrockneten Blätter zum Winterende etwas traurig, so daß ich die Weißbuche (*Carpinus betulus*) für Hecken bevorzuge. Sie verliert ihre Blätter im Herbst, bildet aber mit den Jahren ein dichtes Astgeflecht. Das junge Laub ist hellgrün mit so interessanter Textur, als wolle sich die Pflanze für ihre Kahlheit im Winter entschuldigen.

(Oben) Pflanzen, mit denen sich eine Anlage wie in „Wollerton Old Hall“ gestalten läßt: I Buchsbaumkugeln, II Buchsbaum, III Thymian (*Thymus pseudolanuginosus*), IV Stechpalme (*Ilex aquifolium* 'Silver Queen'), V Stiefmütterchen (*Viola* 'Boughton Blue'), VI Frauenmantel (*Alchemilla mollis*), VII Steinbrech (*Saxifraga* 'London Pride'), VIII Rasen, IX Eiben, X Buchenhecke, XI Stachelnüßchen (*Acaena saccaticupula* 'Blue Haze'). (Links) Im Sommer bilden die Formschnittgehölze einen ruhigen Rahmen für die Blüten, wohingegen im Winter die Immergrünen voll zur Geltung kommen und dem Garten auch dann noch Struktur geben.

Eine weitere Buche, die gelegentlich als Hecke verwendet wird, ist *Fagus sylvatica purpurea*, die Purpurbuche. Sie sollte nur sparsam eingesetzt werden, denn eine große schwarzrote Hecke wirkt im Garten sehr dominierend.

Die Farbe der Buchenhecke wiederholt sich in der interessanten Ziegelpflasterung, so daß der Boden und die „Wände“ dieses Gartenraums optisch verbunden werden. In der Mitte wird durch die panaschierte, in Form geschnittene Stechpalme *Ilex aquifolium* 'Silver Queen' ein vertikaler Akzent gesetzt. Trotz ihres Namens handelt es sich bei dieser Stechpalme um eine männliche Pflanze, die keine Beeren ausbildet, dafür aber wunderschöne Blätter mit cremeweißem Rand hat. Sie entwickelt manchmal auch Zweige mit rein gelben Blättern. *I. a.* 'Golden Milkboy' (männlich) hat goldgelbe Flecken in der Blattmitte. *I. a.* 'Ferox Argentea' überrascht mit purpurnen Zweigen und Blättern mit cremeweißen Dornen und Rändern. In England, wo die Stechpalme durchaus auch wild vorkommt, ist sie eigentlich winterhart, obwohl ein extrem kalter Winter dazu führen kann, daß sie ihre Blätter verliert. Liegt Ihr Garten jedoch in einer kälteren Region, können Sie die Stechpalme auch in einen Kübel setzen, so daß sie im Winter schnell an eine geschütztere Stelle gebracht werden kann. Alle Klone der Art *I.* x *meserveae*, beispielsweise *I. m.* 'Blue Angel' und *I. m.* 'Goliath', sind sehr winterhart und behalten ihre glänzenden Blätter auch im kältesten Winter.

Wenn Sie nicht unbedingt Wert auf Blätter im Winter legen, können Sie sich für die laubabwerfende Stechpalme *Ilex verticilliata* mit ihren rubinroten Beeren entscheiden, die im Winter an den kahlen Zweigen leuchten. *I. v. aurantiaca* hat orangefarbene Beeren und übersteht auch kalte kontinentale Winter.

Ilex crenata verfügt über viele kleinblättrige, sehr winterharte Sorten und ist eine gute Alternative zu niedrigen Buchsbaumhecken. *I. c.* 'Mariesii' hat kleine runde Blätter, die sehr dicht entlang der Äste angeordnet sind. Die interessanten Blätter von *I. c.*

'Convexa' rollen sich nach oben, deshalb auch der Name. *I. c.* 'Sentinel' sieht Buchsbaum sehr ähnlich, und die Blätter von *I. c.* 'Variegata' sind auffällig leuchtend und sonnengelb gefleckt.

Buxus sempervirens ist der normale Buchsbaum, der vielfach für Hecken und Formschnitte verwendet wird. Bei *B. s.* 'Suffruticosa' handelt es sich um eine Zwergform – ideal für schmale, niedrige Einfassungen und Formschnitte in Kübeln, wie die Kugelformen in „Wollerton Old Hall" zeigen. Der Schnitt sollte im Spätsommer erfolgen. Buchsbaum ist dankbar für eine jährliche Mulchschicht im zeitigen Frühjahr; gleichzeitig sollte er mit einem Volldünger versorgt werden, um die Ausbildung kahler Stellen zu verhindern, die durch regelmäßigen Schnitt entstehen können. Für den Schnitt kann man eine Hilfe verwenden, um ganz gleichmäßige Formen zu gewährleisten. In einem besonders akkuraten italienischen Garten bei Florenz wird zur Schnittzeit ein riesiges Geflecht aus Schnüren und Stöcken über den Buchsbaumgarten gelegt. Hat die Hecke aber ihre gewünschte Höhe und Breite erreicht, wird es einfacher, den Schnitt auszuführen; Hilfsmittel sind dann eigentlich nicht mehr erforderlich.

Eibe (*Taxus baccata*) ist vor allem direkt nach der Pflanzung für regelmäßiges Düngen dankbar. Hohe Stickstoffzugaben im zeitigen Frühjahr und ein Volldünger im Sommer garantieren ein gesundes, kräftiges Wachstum von mindestens 30 cm im Jahr. Eibe bildet wohl die eleganteste immergrüne Hecke; leider wird sie oft als zu langsamwachsend angesehen. Dadurch, und bedingt durch die hohen Kosten größerer Pflanzen, wird vielfach auf Eiben verzichtet. Statt dessen werden die schnellwachsenden, billigeren Zypressen (x *Cupressus lawsoniana*) verwendet. Es ist jedoch nicht immer sinnvoll, größere Pflanzen für eine Hecke zu kaufen; neue Hecken entwickeln sich besser aus kleinen Pflanzen, und Eibe, wenn kräftig gedüngt, wächst schnell zu einer wunderschönen Hecke heran, für die sich der zusätzliche Aufwand lohnt.

Eibe eignet sich auch gut für Formschnitte, wie die Kegel am Eingang zum Parterre-Garten zeigen. Ihre Formen wiederholen die Obelisken in der Mitte jedes buchsbaumgefaßten Beetes. Sieht man über die hohe Buchenhecke hinweg, erkennt man, daß diese Formen auch an anderen Stellen im Garten immer wieder auftauchen. Starke Vertikalen und ebenso betonte Horizontalen kommen im Herbst erst richtig zur Wirkung, wenn andere Bereiche des Gartens an Aussagekraft verlieren.

Das Sträucherbeet auf der anderen Seite der Buchenhecke besteht überwiegend aus immergrünen Gewächsen: Wolfsmilch (*Euphorbia characias* ssp. *wulfenii*), Orangenblume (*Choisya ternata*), Schneeball (*Viburnum davidii*) und einer besonderen Eibe,

Ein Beet mit Sträuchern, die auch im Winter interessant sind: I Schneeball (*Viburnum opulus* 'Aureum'), II Spindelstrauch (*Euonymus japanica* 'Aureopictus'), III Fleischbeere (*Sarcococca confusa*), IV Sternmagnolie (*Magnolia stellata* 'Waterlily'), V Schneeball (*Viburnum davidii*), VI *Viburnum sargentii* 'Onondaga', VII Wolfsmilch (*Euphorbia characias*), VIII Strauchveronika (*Hebe* 'Autumn Glory'), IX *Rosa moyesii* 'Geranium', X Orangenblume (*Choisya ternata*), XI Storchschnabel (*Geranium endressii*), XII Salbei (*Salvia officinalis*), XIII *Heucherella tiarelloides*, XIV *Heuchera* 'Palace Purple'.

(Links) Die formale Gartenanlage entspricht der Architektur des Hauses und hat auch in den langen Wintermonaten Interessantes zu bieten – graziöse Samenstände, immergrüne Bodendecker und die kahlen strukturgebenden Zweige in der Blumenrabatte (rechts oben); hübsch anzusehen sind auch die rauhreifüberzogenen Blätter einzelner Pflanzen (rechts unten).

Taxus baccata adpressa, die das Beet ganzjährig interessant wirken lassen, auch dann, wenn laubabwerfende Sträucher und Stauden längst ihre Winterruhe begonnen haben. Die Farbe der Buchenhecke im Hintergrund bildet einen wunderschönen Kontrast zu den immergrünen Gehölzen.

Die Schneeballarten sind dankbare Pflanzen in einem winterlichen Garten. *Viburnum davidii* formt einen niedrigen, rundlichen Strauch mit ovalen, mittelgrünen Blättern, die eine stark ausgeprägte helle Unterseite haben. Im Herbst erscheinen glänzende dunkelblaue Früchte. *V. rhytidophyllum*, ebenfalls immergrün, wächst aufrecht und entwickelt sich mit den Jahren zu einem großen, breiten Strauch mit stark strukturierten Blättern. Im Winter kann er allerdings etwas kläglich wirken. Die laubabwerfenden *Viburnum*-Arten verfärben sich im Herbst. Die beeindruckendste Herbstfärbung hat jedoch *V. plicatum* 'Mariesii'. Dieser Schneeball trägt seine Zweige horizontal, und die schneeweißen Blüten scheinen im Frühsommer über den Blättern zu schweben. Im Herbst färbt sich das Laub leuchtend kupferpurpur. Der beliebte *V. bodnantense* 'Dawn' verfärbt sich ebenfalls hübsch im Herbst und trägt dann im Winter auf nackten Zweigen rosarote, süßduftende Blüten. Interessantes zweifarbiges Laub haben unter anderem auch die Sorten *V. sargentii* 'Onondaga', aufrechtwachsend mit violett angehauchten Blättern, und *V. opulus* 'Aureum' mit dunkelgelbem Laub. Beide gedeihen am besten im Halbschatten.

Ein Spätsommerbeet

In der Spätsommerrabatte, die Alan Gray in seinem Garten in Norfolk geschaffen hat, kommen schöne Gräser wie das Federborstengras (*Pennisetum*), das Chinaschilf (*Miscanthus*) und Pampasgras (*Cortaderia*) besonders gut zur Wirkung. Sie erzeugen einen luftigen Hintergrund für die wenigen, im Spätsommer blühenden Stauden. Zu einer Zeit, wo die meisten Blumenbeete bereits kahl sind, verbleiben die Gräser zusammen mit einigen blühenden Stauden, um in diesem Teil des großen Gartens den Sommer zu verlängern. Die Pflanzung ist so ausgewogen, daß das Beet seine Schönheit beibehält, bis die Gräser im nächsten Frühling heruntergeschnitten werden – es ist somit auch ein besonders attraktives Winterbeet.

Im Winter sind dann nur die Beigetöne der Gräser zu sehen, zusammen mit den bizarren silbrigen Formen von Beifuß und Lavendel. Die letzten Stengel von *Aster lateriflorus* bilden ausgefallene Formen, ebenso die trockenen Samenstände der verschiedensten *Sedum*-Arten. Zwischen den wogenden Gräsern stechen die schwertförmigen Blätter des Neuseeländischen Flachses (*Phormium tenax* 'Purpureum') deutlich hervor.

Während der übrigen Jahreszeiten bilden die grünen Gräser einen ruhigen Ausgleich zu den leuchtenden Pink- und Violettönen benachbarter Pflanzen: Im Hintergrund leuchten der violette Sommerflieder *Buddleja davidii* 'Black Knight' und der gelbe Ginster *Genista lydia*; in der Mitte stehen Rosen, *Anemone japonica*, *Fuchsia magellanica* var. *gracilis* 'Tricolor' und viele Astern. Der Vordergrund ist für Pflanzen wie Fetthenne, *Sedum* 'Ruby Glow' und *S.* 'Vera Jameson' in Kirschrot, reserviert. Der Spaltgriffel *Schizostylis coccinea* mit violettroten Blüten erscheint zwischen silbrigen Begleitern wie Beifuß *Artemisia ludoviciana* 'Silver Queen', *A.* 'Powis Castle' und Flekken von Ziest (*Stachys byzantina*). Die warmen Rot- und Purpurtöne dieser Blüten wiederholen sich im purpurbronzenen Laub von *Phormium* und *Heuchera* 'Palace Purple' und machen auf die zarten Farben der Grasblüten aufmerksam.

Das Federborstengras (*Pennisetum alopecuroides*) gehört mit zu den schönsten Gräsern; die langen, gebogenen Halme bilden einen ansehnlichen Horst, über dem die rosa Blüten wie behaarte Raupen hängen. *P. a.* 'Hameln' ist eine niedrigere Sorte, und *P. villosum* hat die längsten, borstig behaarten Ährchen. Die Blütenstände der Chinaschilfarten haben eine ähnliche Rosafärbung; durch die reflektierende Textur erhalten sie

Diese beeindruckende Rabatte hat alle erforderlichen Attribute: Farbe, Textur, Bewegung, unterschiedliche Höhen und eine große Tiefenwirkung – erreicht wird dieser Effekt durch eine kunstvolle Zusammenstellung vieler Gräser, auffälliger Blattpflanzen und genau aufeinander abgestimmter Blütenfarben.

zusätzlich einen seidigen Glanz. Gräser sind einkeimblättrig, ihre Bestäubung erfolgt durch den Wind und nicht durch Insekten, so daß die Blüten nur aus pollenproduzierenden und pollenempfangenden Teilen bestehen müssen. Ihre einfache Struktur trägt zur besonderen Wirkung und zur Langlebigkeit bei, kann aber auch bedeuten, daß die Blüten sehr unscheinbar sind. Werden Gräser aber wie hier eingesetzt, als Grundlage für ein Staudenbeet, in dem die übrigen Pflanzen für Blütenakzente sorgen, kommen auch die leicht zu übersehenden Grasblüten zur Wirkung.

Chinaschilfarten, ganz speziell die Kultivare von *Miscanthus sinensis*, tauchen im Beet immer wieder auf. *M. sinensis* bietet dem Gartenliebhaber eine Vielzahl von Sorten mit sehr unterschiedlichen Höhen, Wuchseigenschaften und Blüten. Eine weitere, beliebte Art, *M. saccariflorus*, eignet sich für besonders dramatische Effekte. Sie wirkt ähnlich wie das Pfahlrohr (*Arundo donax*), ist jedoch etwas weniger empfindlich und kommt im Winter mit einer schützenden Mulchschicht aus.

Einige Formen des Chinaschilfs haben spektakuläre Panaschierungen, wie das weißrandige *M. sinensis* 'Morning Light', *M. s.* 'Variegatus' oder *M. s.* 'Zebrinus' mit gelbgrünen, quergestreiften Blättern. *M. s.* 'Kascade' hat lange, hängende Blütenstände; M. s. 'Rotsilber' hat silbrigrosa Blüten und *M. s.* 'Malepartus' burgunderrote, die silbrig verblassen. Das Laub von *M. s.* 'Flamingo' färbt sich im Herbst rot, und *M. s.* 'Gracillimus' hat schmale Blätter, die sich zu den Spitzen hin einrollen.

Oft wird empfohlen, Chinaschilf nur als Solitärpflanze zu verwenden – tatsächlich braucht es viel Platz, um seine ganze Schönheit entfalten zu können. Wählt man aber die Nachbarn überlegt aus, bieten die eleganten Halme einen herrlichen Kontrast und, wie das Spätsommerbeet zeigt, die sanften Farben der Blütenstände können durch andere Pflanzen noch betont werden. Beide Aufgaben erfüllt der Neuseeländische Flachs (*Phormium tenax*) in dieser Rabatte ganz hervorragend.

Obwohl das Beet überwiegend klassisch angeordnet ist, die hohen Stauden also im Hintergrund und die kleineren vorne stehen, gibt es ab und zu eine Überraschung, wie das hohe Chinaschilf *M. sacchariflorus* im Vordergrund. Durch derartige Abweichungen wird verhindert, daß eine Rabatte, in der Gruppen stetig wiederholt werden, monoton und langweilig wirkt.

Im Herbst und im Winter steht die Sonne sehr niedrig, so daß sanfte Farben an grauen Tagen kaum noch wahrzunehmen sind. Dies sollte man bedenken, wenn man einen Bereich für eine Rabatte wie diese auswählt. Am besten wird das Beet so angelegt, daß die Blätter von der niedrigstehenden Morgen- und Abendsonne beschienen werden. Das ist besonders wichtig, wenn auch die Grasblüten wirken sollen; selbst die großen Blütenstände des Pampasgrases *Cortaderia selloana* 'Pumila'

wirken wesentlich stärker, wenn sie von der Sonne beleuchtet sind. Es handelt sich um ein kleineres Pampasgras, das gut in eine Rabatte paßt. Wahrscheinlich ist es die blühfreudigste Sorte; aber es gibt auch andere Formen mit überragenden Qualitäten. Pampasgras wird oft in die Rasenmitte gepflanzt, isoliert vom übrigen Garten – eigentlich ein Rückschritt in die Zeiten, als eine große Pflanze automatisch eine Sonderstellung einnahm. Gefällt Ihnen eine solche Anordnung, sollten Sie *C. s.* 'Sunningdale Silver' wählen, eine großblütige Form mit Blütenständen, die sich gut über den langen Halmen halten. Die Stengel sind sehr widerstandsfähig und knicken auch bei stärkerem Wind nicht um; allzuoft wird die Schönheit eines Grases durch abgebrochene Blütenstengel zunichte gemacht.

Der Pflanzplan für ein prächtiges Spätsommerbeet:
I Ginster (*Genista x spachiana*), II *Eucalyptus*, III Pampasgras (*Cortaderia selloana* 'Pumila'), IV Sommerflieder (*Buddleja* 'Black Knight'), V Chinaschilf (*Miscanthus sacchariflorus*), VI *Aster pilosus* var. *demotus*, VII *Aster lateriflorus* 'Horizontalis', VIII *Rosa mutabilis*, IX Chinaschilf (*Miscanthus* 'Silberfeder'), X *Fuchsia magellanica* 'Variegata', XI Flachs (*Phormium tenax* 'Atropurpureum'), XII Chinaschilf (*Miscanthus* 'Morning Light'), XIII *Aster x frikartii* 'Mönch', XIV *Artemisia* 'Powis Castle', XV *Artemisia ludoviciana*, XVI *Artemisia densum*, XVII *Heuchera* 'Palace Purple', XVIII Borstengras (*Pennisetum alopecuroides*), XIX Spaltgriffel (*Schizostylus coccinea*), XX *Ajania pacifica*, XXI Fetthenne (*Sedum spectabile*), XXII Strohblume (*Helichrysum italicum*).

Für ein Beet gibt es jedoch diverse wunderschöne Pampasgräser. *Cortaderia selloana* 'Violacea' beispielsweise hat beeindruckende Blütenstände in Hellviolett. *C. s.* 'Aureolineata', auch mit 'Gold Band' bezeichnet, ist ein wahrer Blickfang mit gelbgestreiften Blättern, die im Laufe der Zeit goldfarbig werden. Auch die Blüten sind ausgesprochen attraktiv.

Außer dem Neuseeländischen Flachs liefern auch die rotblättrigen *Sedum*-Arten, die bereits zuvor erwähnt wurden, und die *Heuchera* 'Palace Purple' die dunklen Töne in der Rabatte. Die *Heuchera* ist eine altbekannte Pflanze, aber seit kurzem gibt es neue amerikanische Züchtungen auf dem Markt. Diese Sorten haben längere Blätter, höhere Blütenstengel, stärker panaschiertes Laub und eine bessere Winterhärte. Zu den Neuheiten gehören *H.* 'Chocolate Ruffles' mit tiefgelappten Blättern und welligen Blatträndern in Schokoladenbraun und einer leuchtendvioletten Unterseite. *H.* 'Plum Pudding' hat satt weinrote Blätter und *H.* 'Purple Petticoats' dunkelviolette Blätter mit apart gewelltem Rand.

(Oben) Ein einfacher Plan für einen kleinen, formalen Gemüsegarten: I Eierkürbis, II Mais, III Salat 'Lollo Rosso', IV Buchsbaumhecke, V violettfarbene Kletterbohnen, VI roter Mangold, VII Buschbohnen, VIII grüner Mangold.

(Links) Ein Teil des riesigen Gemüsegartens in Villandry. Jedes der neun 30 x 30 m großen Quadrate ist ähnlich aufgebaut. Aspekte dieser Anlage kann man auch auf normale Gärten übertragen, wie aus der Abbildung gegenüber („The Old Rectory" in Northamptonshire) deutlich wird. Unter anderem sorgen hier Mangold, Mais, Kletterbohnen und Rote Beete für eine abwechslungsreiche und harmonische Bepflanzung.

Ein zierender Nutzgarten

Man sollte den Zierwert von Gemüse nicht unterschätzen. Wir alle kennen wunderschön angelegte Bauerngärten, in denen Form und Farbe jeder Gemüseart eine wichtige Rolle in der Gesamtgestaltung spielen. Der Wert für die Küche ist sowieso unbestritten. Derart schöne Pflanzen sollten nicht auf den Gemüsegarten beschränkt bleiben, sie haben durchaus auch an anderen Stellen des Gartens einen Platz verdient.

Der wohl bekannteste und beeindruckendste Gemüsegarten befindet sich in Frankreich, am Château de Villandry. Ich habe gehört, daß die Fruchtfolge dort per Computer errechnet werden soll. Offensichtlich hat der Programmierer auch sehr viel gestalterischen Geschmack, denn die sorgfältig angelegten Beete weisen jedes Jahr eine absolut gelungene Kombination aus kontrastreichen Pflanzen- und Blattformen, Texturen und Farben auf. Blaugrüner streifiger Porree, weißstieliger Mangold, Reihen mit weißem und violettem Zierkohl und Beete mit orangefarbenen Tomaten sind hier harmonisch und abwechslungsreich zusammengestellt.

Viele unserer heutigen Gemüsearten, die irgendwann einmal ihren Weg nach Europa fanden, wurden zuerst als Gartenschmuck angepflanzt; die feinen, fedrigen Blätter des Karottenkrauts hat man sogar als Hutdekoration verwendet.

Heutzutage gibt es ein riesiges Angebot an Nutzpflanzen aus der ganzen Welt. Im Orient werden die jungen Blätter der Funkie und die panaschierten Blätter von *Houttuynia cordata* in Salaten und als Gewürz benutzt – die *Houttuynia* als Ersatz für Korianderblätter. Weniger exotisch sind farbenprächtige Salatsorten wie 'Petite Rouge' und 'Ibis', mit gerollten und gekräuselten Blättern in unterschiedlichen Rottönen, roter Mangold mit dunkelroten Stengeln und Adern in smaragdgrünen Blättern sowie rotstieliger Rhabarber. Es gibt purpurfarbenen Rosenkohl, Porree in unterschiedlichsten Farbtönen, Bohnen, Erbsen und sogar Mais mit rötlichem Laub. Selbst der einfache Kohl wird vielfach in farblich interessanten Sorten angeboten.

Denken Sie auch an die vielen fruchttragenden Gemüsesorten: gelbe Zucchini, rote, gelbe, orangefarbene und gestreifte Tomaten, lila Zwiebeln. Dazu können Sie noch die graublättrigen Kräu-

ter wie Salbei und Lavendel, Rosmarin mit gelbgefleckten Blättern und große, strukturgebende Kräuterstauden wie den bronzeblättrigen Fenchel und Artischocken rechnen. Spargelkraut ist ebenfalls dekorativ und färbt sich im Herbst goldgrün; weibliche Pflanzen tragen darüber hinaus noch rote Beeren. Die zweifarbigen Blätter einiger Erdbeersorten eignen sich sogar als ungewöhnliche Beeteinfassung.

Die meisten Nutzpflanzen sind einjährig. Daher sind Gemüsegärten oft mit Buchsbaum eingefaßt und die Wege besonders gestaltet – auf diese Weise wird einem Gartenteil, der sonst nur während der Vegetationszeit interessant aussehen würde, eine permanente Struktur verliehen. Obst- und Nußbäume können gepflanzt werden, um die vertikale Struktur auch im Winter zu betonen; Apfel- und Birnenbäume können an Spalieren wachsen und Haselnüsse bogenförmig beschnitten werden.

Bei Gemüse sind in bezug auf die Pflege einige Grundsätze zu berücksichtigen. Wichtig ist, daß die Fruchtfolge verändert wird, um den Boden nicht unnötig auszulaugen und die Pflanzen vor Krankheiten zu schützen. Bei der Anlage eines Gemüsegartens sollten die Beete nur so breit sein, daß man bequem die Mitte erreichen kann, ohne sich verrenken oder das Beet betreten zu müssen. Wege sollten breit genug für eine Schubkarre und Ecken so angelegt sein, daß man problemlos mit der Karre um sie herum fahren kann.

Wenn Sie das Gemüse nicht nur ansehen, sondern auch ernten möchten, müssen Sie genügend Reservepflanzen bereithalten, um leere Stellen auffüllen zu können. Wurzelgemüsesorten, die sich innerhalb einer Saison nicht ersetzen lassen, sollten so geerntet werden, daß keine großen Lücken entstehen – man sollte also keine vollständige Karottenreihe ernten, sondern nur hin und wieder einige Karotten aus der Reihe ziehen.

Am Ende der Saison kann man sich ruhig etwas Zeit nehmen – selbst eine Reihe mit nicht mehr brauchbarem roten Salat sieht hübsch aus. Samenstände vieler Pflanzen wie Fenchel, Liebstökkel und Dill sind außerordentlich dekorativ; rote Melde wiederum bildet eine hohe Blütenähre mit kupferbraunen Samenschüsseln. Die Samen verbreiten sich im Garten, so daß man im nächsten Jahr mit einer Vielzahl kleiner Pflänzchen rechnen kann.

Ein Garten in Kübeln

Einige der spektakulärsten Blattpflanzen stammen aus subtropischen Regionen, die, will man sie hier bewundern, in Kübel gesetzt werden müssen. Ich beneide Gartenliebhaber in Florida oder Spanien, die große Gärten mit phantastischen Pflanzen anlegen können, die ich auf der Fensterbank vorziehen und im Gewächshaus überwintern lassen muß. Zu den schönsten exotischen Gärten gehören die des brasilianischen Künstlers und Landschaftsarchitekten Roberto Burle Marx. Er entwickelte schon als Kind eine Gartenleidenschaft. Während eines längeren Aufenthalts mit seiner Familie in Berlin konnte Burle Marx die Flora Brasiliens im Botanischen Garten von Dahlem genauer studieren. Er beschloß, das riesige Potential dieser tropischen Pflanzen für die Gartengestaltung zu nutzen. Burle Marx hatte wenig Verständnis für die brasilianischen Landschaftsarchitekten, die überwiegend die formalen Gärten Frankreichs und Portugals imitierten; er fand diesen Stil und die dazugehörigen Pflanzen für Brasilien unpassend. Einheimische Pflanzen mit ihren kühnen Formen, stark unterschiedlichen Texturen und satten, manchmal schrillen Farben ermöglichten ihm, einige der schönsten Gärten des 20. Jahrhunderts anzulegen. Ein Teil seines Erfolges ist darauf zurückzuführen, daß die Pflanzen genau auf die Landschaft mit ihren extremen Wetter- und dramatischen Lichtverhältnissen abgestimmt sind.

Burle Marx legte unter anderem die 8 km lange Promenade am Strand der Copacabana an, aber auch kleine Hinterhöfe – bei all seinen Arbeiten hat er großen Wert darauf gelegt, daß die Pflanzen und die architektonischen Elemente harmonieren. In unseren Regionen lassen sich Aspekte dieser Gärten durchaus übernehmen, indem exotische Pflanzen in sogenannte „tropische" Beete integriert werden. Man kann ohne weiteres eine Banane (*Musa bajoo*) zusammen mit Blumenrohr, vielen mehrfarbigen Sorten der Zimmerpflanze *Coleus blumei,* Begonien, Mutterkraut (*Maranta*), Kaladie und nicht ganz winterharten Laubpflanzen zusammensetzen. Man muß nur den Mut haben, diese Pflanzen von der Fensterbank zu nehmen.

Falls Sie die Vorstellung, liebgewonnene Zimmerpflanzen plötzlich in Beete zu setzen, etwas beunruhigend finden, können Sie auch in kleineren Schritten vorgehen, indem Sie mit Kübelpflanzen beginnen. Terracotta-Töpfe, Bleigefäße (echt oder imitiert), Zisternen, Holzkübel etc. können für viele subtropische Pflanzen einen sicheren Platz in den wärmeren Monaten bieten. Wenn Sie Kübel mit Exoten bepflanzen, sollten Sie diese so arrangieren, daß ihre außergewöhnlichen Eigenschaften voll zur Geltung kommen. Im Garten von Bourton House in Gloucestershire wurde dieses Konzept erfolgreich verwirklicht – die Kübel sind so bepflanzt, daß Formen, Texturen und Farben miteinander und auch mit der sanften englischen Landschaft harmonieren.

Die größte Gruppe ist in einer antiken Bleizisterne zu finden; die weiche, mattgraue Oberfläche wird von dem samtigen Laub vieler Harfenstrauch-Sorten (*Plectranthus*) als Grundbepflanzung wiederholt. *P. madagascariensis* bildet den Mittel-

Ein attraktiver, sorgfältig bepflanzter Behälter bietet selbst im kleinsten Garten die Möglichkeit, auch exotische Kleinode zur Schau zu stellen, wie die hübschen Arrangements mit Blattpflanzen zeigen: (links) Harfenstrauch (*Plectranthus*), Begonien und silbriges Kreuzkraut (*Senecio*), (rechts) die rosettenförmige *Echeveria glauca* oder (gegenüber) die auffällige Agave (*Agava americana*).

Größere Kübel oder wie hier ein großer Hängekorb ermöglichen sehr interessante Bepflanzungen und können im Garten eine wichtige Rolle spielen.

punkt, darunter erscheinen die breiten, behaarten Blätter von *P. fruticosus*, *P. argentatus* und der dunkle *P. oertendahlii*. Den Kontrast zu den rundlichen Blättern bildet das Kreuzkraut (*Senecio kleinia*) mit fleischigen, stahlblauen Fingern.

Ein flacher Trog ist ebenfalls sehr einfallsreich bepflanzt – mit der rosettenförmigen *Echeveria glauca* und schwarzem Schlangenbart (*Ophiopogon planiscapus* 'Nigrescens'). Überraschende Farben finden sich auch in der Bepflanzung mit der eichenblättrigen, stark nach Pfefferminz duftenden Pelargonie 'Chocolate Peppermint' mit behaarten, violettgrünen Blättern und den weichen, grünen und cremefarbenen Blättern der *Fuchsia magellanica* var. *gracilis* 'Variegata'. Die Blätter und Stengel von *F.* 'Gartenmeister Bonstedt' nehmen die dunklen Farben der Pelargonie wieder auf.

Buttergelbe Flecken zeichnen die großen, runden Blätter der Pestwurz (*Petasites japonicus* var. *giganteus* 'Variegatus') aus, die zusammen mit einer weißrändigen Funkie das Farbthema des Hängekorbes bestimmen. Das Gelb wiederholt sich in den zarten Blüten von *Argyranthemum* 'Jamaica Primrose' und den grasähnlichen, goldgestreiften Blättern von *Hakonechloa macra* 'Alboaurea'. Durch die hängenden, zweifarbigen Minzeblätter wird die Wirkung noch verstärkt.

Diese Bepflanzungen sind recht komplex; ihre Wirkung wird durch die Wiederholung einzelner Pflanzen zusätzlich betont. Es gibt aber auch viel einfachere Anordnungen mit nur zwei Pflanzen, etwa einer Blüten- und einer Laubpflanze wie der hellgrünen, hängenden Strohblume *Helichrysum petiolare* 'Limelight' und der Pelargonie *Begonia sutherlandii*.

Zu den eindrucksvollsten Blattpflanzen für ein Beet oder einen Kübel gehört unbestritten die Agave (*Agave americana*). Im Garten von Bourton House wurde die schöne gelbgeränderte Sorte *A. a.* 'Variegata' zusammen mit *Helichrysum petiolare* 'Limelight' und *Echeveria harmsii* – mit rotgelben Blüten – gepflanzt. *Agave americana* hat blaugraue, stark gesägte, stachelige Blätter. Außer

Blattpflanzen in Kübeln und Töpfen sind pflegeintensiver als ausgepflanzt im Garten; sie müssen regelmäßig gewässert und gedüngt werden. Verblühtes und verwelkte Blätter sollte man täglich entfernen.

A. a. 'Variegata' gibt es noch zwei andere zweifarbige Sorten, *A. a.* 'Marginata' mit weißgrünen Blättern und *A. a.* 'Mediopicta' mit gelben Streifen in der Blattmitte.

Vor der Haustür ist eine wunderschöne Sammlung von Topfpflanzen zu sehen. Mittelpunkt bildet die nach Pfefferminz duftende Pelargonie, die auch an anderer Stelle vielfach anzutreffen ist. Darum herum wachsen drei sehr unterschiedliche Blattpflanzen: Der Neuseeländische Flachs (*Phormium tenax*) mit kräftigen, langen, schmalen Blättern, Salbei (*Salvia confertiflora*) mit ovalen, samtigen Blättern und der Honigstrauch (*Melianthus major*), kaum sichtbar hinter dem Salbei, mit geteilten Blättern in Blaugrau. Der Honigstrauch ist eine empfehlenswerte Pflanze, die allerdings nach verbrannter Schokolade riecht und deshalb nicht jedermanns Geschmack ist.

Hübsche Zusammenstellungen wie diese lassen die Schönheiten nicht ganz winterharter Blattpflanzen besonders hervorkommen. Um eine solche Pracht auch zu erhalten, ist eine tägliche Pflege erforderlich. Die meisten dieser Pflanzen benötigen leichte Erde im Halbschatten. Einige der exotischeren Exemplare stammen aus dem Regenwald; sie fühlen sich am wohlsten bei hoher Luftfeuchtigkeit und wenig Licht, während andere wie die Agave, Salbei und der Honigstrauch viel Sonne und Trockenheit vertragen. Auf die individuellen Bedürfnisse jeder Pflanze sollte gezielt eingegangen werden. Ein ganz wichtiger Aspekt ist die Wasserversorgung; einige Gewächse müssen zweimal am Tag gewässert werden. Die Spitzen der meisten Pflanzen können ausgebrochen werden, um ein kräftiges, buschiges Wachstum zu fördern. Mit exotischen, empfindlichen Blattpflanzen in Kübeln kann man eine längere Sommersaison erreichen als mit vielen winterharten Pflanzen – vorausgesetzt, es wird regelmäßig gedüngt unter anderem auch deshalb, weil durch viel Wasser die Nährstoffe im Boden leicht ausgespült werden. Für Blattpflanzen ist ein allgemeiner oder auch ein spezieller Flüssigdünger geeignet.

Eine Funkien-Rabatte

Im zeitigen Frühjahr entfalten die Gärten von „Hadspen House“ in Somerset ihre zarten Farbharmonien. Das beeindruckende Beet mit Funkien verdeutlicht, wie die Schönheit dieser beliebten Blattstauden am besten zur Wirkung kommt.

Große Pflanzungen einer Gattung können einen überwältigenden Eindruck vermitteln, und das ist hier der Fall – mit vielen Funkien an einem Wegesrand. Weißpanaschierte Formen wechseln sich mit gelbgestreiften ab, und breitblättrige, bläulichgrüne Sorten bilden einen schönen Kontrast zu schmalblättrigen, hellgrünen. Funkien erreichen ihren Höhepunkt im Sommer, aber anders als viele andere Stauden wirken sie von dem Moment an, wo sich das Laub entfaltet bis zu dem Zeitpunkt, an dem das letzte Blatt verwelkt ist. Bevor die Blätter erscheinen, kann der Platz zwischen den Pflanzen von Frühblühern eingenommen werden: In Hadspen sind die Lücken mit Miniatur-Osterglocken und gelben Tulpen sowie dem gelbpanaschierten Gras *Hakonechloa macra* 'Alboaurea' in großen Büscheln gefüllt. Auf dem Beet sind außerdem Wolfsmilch *Euphorbia characias*, *Nectarascordum siculum* (ein Zwiebelgewächs aus der Allium-Familie, mit hängenden, glockenförmigen weißen Blüten und pflaumenblauem Streifen in der Mitte jedes Blütenblattes) und bronzefarbener Fenchel *Foeniculum vulgare* 'Purpureum' zu finden. Zum Ende des Frühjahrs verschwinden die welken Zwiebelblätter unter den sich ausbreitenden Funkien.

Funkien gibt es von Blaugrau über Hellgrün bis fast Gelb, mit Panaschierungen in Weiß, Creme oder Gelb an den Rändern, am Mittelstreifen oder auf der Blattfläche. Zu den beliebtesten gehört die blaugrüne *Hosta* 'Frances Williams' mit hellen Rändern. *H.* 'Blue Umbrellas', *H.* 'Blue Angel' und *H.* 'Love Pat' gehören zu den schönsten blaugrauen Sorten. Die nach dem Garten benannten Sorten *H.* 'Hadspen Blue', *H.* 'Hadspen Hawk' und *H.* 'Hadspen Heron' haben ebenfalls blaugrünes Laub, während *H.* 'Hadspen Samphire' gelbliche Blätter trägt. *H.* 'Sum and Substance' hat riesige goldene Blätter, während *H.* 'Sun Power' zu den wenigen gelbblättrigen Funkien gehört, die mit direkter Sonne zurechtkommen. Gelbpanaschiertes Laub haben auch *H.* 'Shade Fanfare', *H.* 'Wide Brim' und *H.* 'Nancy Lindsay'. *H.* 'Patriot' überzeugt durch große Blätter mit smaragdgrüner Mitte und weißem Rand. *H.* 'Frosted Jade' und *H.* 'Francee' sowie *H.* 'Big Boy' haben weiß-grüne Blätter.

Generell lieben Funkien Halbschatten und durchlässige, feuchte Erde. Panaschierte Sorten brauchen mehr Schatten, da die Blätter in der Sonne leicht verbrennen. Kühle, feuchte Bedingungen sind besonders in wärmeren Regionen gefragt, in kälteren Regionen tolerieren Funkien eher einen trockenen (nicht sauren) Boden.

Die Gärten wurden in einem ummauerten ehemaligen Gemüsegarten angelegt. Um ein Austrocknen des Bodens zu vermeiden, wurde eine Buchenallee gepflanzt – im Herbst fallen dann die Blätter auf die Funkien und sorgen für guten Humus. Im Sommer ist ein Gang durch diesen schattigen Laubtunnel eine willkommene Erfrischung.

(Gegenüber) Die Funkien von Hadspen House machen nur einen Teil der langen Doppelbeete aus, auf denen gelbe Blätter und Blüten dominieren. (Oben) Mit diesen Sorten läßt sich ein ähnlicher Effekt erzielen: I Wolfsmilch (*Euphorbia characias*), II Funkie (*Hosta* 'Gold Standard'), III *H.* 'Sum and Substance', IV *Tulipa* 'Yellow Purissima', V *Hosta* 'Aureomarginata', VI *H.* 'Green Gold', VII *H.* 'Royal Standard', VIII *H.* 'Frances Williams', IX *H.* 'Kabitan', X *H.* 'Phyllis Campbell', XI *H.* 'Albo-picta', XII *H.* 'Aureomaculata', XIII *Hakonechloa* 'Alboaurea', XIV *Hosta sieboldii* 'Alba'.

Ein Sumpfgarten

Blattpflanzen und Wasseranlagen ergeben eine perfekte Kombination. Auf der ruhigen Oberfläche eines Gartenteichs können sich die Umrisse und Texturen von überhängendem Laub spiegeln und dadurch die Wirkung eines gut angelegten Sumpfgartens noch verstärken.

Ein Feucht- oder Sumpfgarten benötigt ständig feuchte Erde; meist wird bei heutigen Teichanlagen gleich ein derartiger Bereich berücksichtigt, indem der Teichrand an einer Seite tiefer gelegt wird, so daß Wasser in den Uferbereich eindringen kann. Arbeitet man mit Teichfolie, muß diese groß genug sein, um eine kleine Erhebung am Ende des Feuchtgebietes abzudecken. Im Teich darf die Folie auf keinen Fall beschädigt werden, wohingegen sie im Feuchtbereich perforiert wird, so daß das Wasser langsam versickern kann. Für den Sumpfgarten eignet sich humusreiche oder mit Torf angereicherte Erde.

Zu den beeindruckendsten Pflanzen für den Teichrand gehört die *Gunnera manicata*. Im Garten von Hadspen House bildet ein einzelnes Exemplar dieser Pflanze den Mittelpunkt einer sehr kontrastreichen Komposition. Die Blätter einer voll entwickelten *Gunnera* können einen Durchmesser von 1,5 m erreichen; unter optimalen Bedingungen wächst sie schnell bis zu 2,5 m hoch – sucht man an einem regnerischen Tag Schutz unter einer solchen Pflanze, fühlt man sich wie in den Urwald versetzt. Die riesigen, gelappten Blätter haben eine stark behaarte, stachelige Oberfläche, ebenso wie die imposanten dikken Stengel. Die Blüten, die sich im Inneren der Pflanze entwickeln, wirken wie riesige Tannenzapfen. *Gunnera tinctoria* hat etwas rundere Blätter mit kürzeren Stielen, die aber immer noch einen sehr imposanten Anblick bieten.

Alle *Gunnera*-Arten mögen Sonne ebenso wie nährstoffreichen, feuchten Boden, und obwohl sie recht winterhart sind, sollte man die Kolonien doch im Winter schützen: Wenn die Blätter verwelken, können sie nach innen gefaltet und dann mit einer Schicht aus gut verrottetem Stallmist oder Kompost bedeckt werden. In besonders kalten Regionen ist ein zusätzlicher Schutz aus Zweigen ratsam.

Das Schaublatt (*Rodgersia*) ist eine andere exzellente Blattpflanze für einen Sumpfgarten. *R. pinnata* 'Superba' ist wohl die schönste Sorte, mit stark texturierten Blättern in sattem Mahagoni. Sie wird bis zu 90 cm hoch und entwickelt sich aus unterirdischen Rhizomen. Sie verträgt sowohl Sonne als auch Halbschatten, der Wurzelbereich benötigt aber kühle Feuchtigkeit. *R. podophylla* hat ebenfalls geteilte Blätter, wobei jedes Blättchen fast dreieckig ist, mit gesägtem Rand. Das frische Laub ist dunkelbraun, wird im Sommer grün, dann wieder braun und nimmt schließlich eine herrliche Herbstfärbung an.

Darmera peltata, das Schildblatt, auch als *Peltiphyllum peltatum* bekannt, hat bis zu 30 cm breite Blätter mit gezähnten Rändern, die auf dicken, 60 cm langen Stengeln sitzen. Die Blütenstiele muten merkwürdig an, sie erheben sich weit über das Laub. Die *Darmera* verbreitet sich stark durch Rhizome; man kann ihr aber Einhalt gebieten, indem man Wurzelstücke ausgräbt. *D. p.* 'Nana' ist eine kleinere Version mit rotviolett überzogenen Blättern.

Bei so vielen großen, runden Formen sind einige Kontraste erforderlich; hier werden diese durch die schmalblättrige Segge *Carex elata* 'Aurea' und *Iris sibirica* 'Snow Queen' erreicht. *Miscanthus sinensis* 'Variegatus' ist ebenfalls schmalblättrig und bildet einen leuchtenden Kontrast. Diese Sorte gehört zu den ältesten Chinaschilf-Züchtungen mit weißgestreiften Blättern. Im Herbst verblaßt das Laub zu einem Mandelbraun. Sie ist erstaunlich schattenverträglich. Oft sieht man gestreiftes Rohrglanzgras (*Phalaris arundinacea* var. *picta*) in der Nähe von Teichen, es wuchert aber so stark, daß es meist besser ist, darauf zu verzichten. *P. a.* var. *picta* 'Feesey' hat noch leuchtendere Halme und soll sich weniger rigoros vermehren.

(Oben) Ein Pflanzplan in Anlehnung an „Hadspen House":
I *Gunnera manicata*, II Schildblatt (*Darmera peltata*), III Segge (*Carex elata* 'Aurea'), IV Funkie (*Hosta sieboldiana*), V Storchschnabel (*Geranium* 'Johnson's Blue), VI *Iris sibirica* 'Snow Queen'.
(Links) Die hohen Blütenstengel des Schildblattes wiederholen die Wirkung der langen Halme der Segge *Carex elata* 'Bowles Gold' und der starren Iris – ein guter Kontrast zu den runden Blattformen.

Ein Garten am Waldrand

Der kühle Halbschatten am Rand eines Gehölzes bietet hervorragende Bedingungen für eine Vielzahl unterschiedlichster Sträucher und Stauden, die sowohl wegen ihres Laubes als auch wegen ihrer Blüten beliebt sind.

Anne Waring hat sich diese Tatsache in ihrem Garten „North Springs" in West Sussex zunutze gemacht, indem sie Bäume, Sträucher und Stauden sehr feinfühlig arrangiert hat. Begünstigt durch die verschiedenen Ebenen geht der Garten übergangslos in den Wald über. Die Bäume werden durch die Vertikalen der Koniferen optisch in den Garten einbezogen. Andere Immergrüne dienen als Rahmen für die Staudenbeete: Verschiedene Sorten von *Pieris japonica*, *Mahonia lomariifolia* und Berberitze haben alle ausdrucksstarke Wuchsformen, schönes Laub und interessante Texturen. Zu den laubabwerfenden Sträuchern im Hintergrund zählen *Weigela praecox* 'Variegata' und der Hartriegel *Cornus mas* mit hellgrünen Blättern, sowie *C. m.* 'Variegata'. Der Flügel-Spindelstrauch (*Euonymus alatus*) wächst breit und hat eine schöne Herbstfärbung. Unterhalb des schattigen Bereichs windet sich ein Weg zwischen Funkien hindurch. Verwendet man wie Anne Waring viele Sorten einer Art, ergeben sich unbegrenzte Kombinationsmöglichkeiten. Die *Hosta undulata* var. *univittata* hat weiße Streifen, die sich in den Blättern von Beinwell (*Symphytum* x *uplandicum* 'Variegatum') und Sterndolde (*Astrantia major*) wiederfinden; *Hosta* 'Gold Standard' weist gelbe Flecken auf, ebenso *Symphytum* 'Goldsmith' – diese Farbe wird noch durch Bodendecker wie Felberich *Lysimachia nummularia* 'Aurea' und Mädesüß (*Filipendula ulmaria* 'Aurea') betont.

(Oben) Ein Pflanzplan für einen Waldrand, ähnlich wie in „North Springs": I Engelwurz (*Angelica archangelica*), II Jakobsleiter (*Polemonium caeruleum*), III Funkie (*Hosta sieboldiana*), IV *Iris pseudocorus*, V *Lysichiton americanus*, VI *Ligularia dentata* 'Desdemona', VII Kreuzkraut (*Senecio smithii*), VIII Beinwell (*Symphytum* 'Goldsmith'), IX Mädesüß (*Filipendula ulmaria* 'Aurea'), X *F. purpurea*, XI Funkie (*Hosta crispula*), XII Trollblume (*Trollius* x *cultorum* 'Superbus'), XIII *Hosta undulata* var. *univitatta*, XIV *Bergenia* 'Bressingham White', XV *Hosta* 'Gold Standard', XVI Schaublatt (*Rodgersia pinnata*), XVII Beinwell (*Symphytum* x *uplandicum* 'Variegatum'), XVIII Felberich (*Lysimachia*). (Gegenüber) Durch die Ebenen wirkt die Bepflanzung natürlich. Die Bedingungen am Waldrand sind für die Pflanzen optimal.

Viele großblättrige Stauden benötigen feuchten Boden, um gesundes Laub entwickeln zu können, besonders dann, wenn sie ihrerseits als Schattenspender für andere bodendeckende Pflanzen dienen sollen. *Rodgersia pinnata* und *Ligularia dentata* 'Desdemona' bilden schöne bunte Farbflecken mit ihren weinroten Blattunterseiten; beide leiden schnell, sobald der Boden austrocknet. Noch anspruchsvoller ist *Lysichiton americanus* mit seinen glänzenden, elliptischen Blättern, die mit oder auch nach den Blüten erscheinen, und *Senecio smithii* mit ebenfalls glänzendem Laub – beide bevorzugen einen sehr feuchten Standort. Die reflektierenden Blattflächen dieser Pflanzen bringen Helligkeit in schattige Bereiche. *Acanthus mollis* ist eine weitere Staude mit hochglänzendem, auffälligem Laub ebenso die Engelwurz (*Angelica archangelica*), eher aus dem Kräutergarten bekannt.

Ein trockener, sonniger Garten

Ganz im Gegensatz zu den feuchten Gegebenheiten eines Waldgartens liegt dieser sonnige Garten nach Süden und hat extrem wasserdurchlässigen Boden. Er wurde zwischen den Hügeln bei Giverny und der Loire auf dem Gelände eines ehemaligen Gemüsegartens angelegt. Das Haus, neben dem von Monet gelegen, wurde einst von Leila Cabot Perry bewohnt, einer Vertreterin des amerikanischen Impressionismus. Haus und Garten werden zur Zeit restauriert, wobei die Gartenanlage vom Landschaftsarchitekten Mark Brown ausgeführt wird.

Bei der Wiederherstellung des Blumengartens vor dem Haus richtete sich Mark Brown nach Gemälden von Frederick Carl Frieseke, auf denen die Gärten zu Zeiten von Leila Cabot Perry zu

sehen sind. Es gab dort Rosenbeete und viele farbenprächtige Einjährige. Auf dem Rasen, gesäumt von Staudenbeeten und einer Apfelbaumhecke, standen kleinwüchsige Obstbäume. An diesen formalen Teil des Gartens schloß sich der vernachlässigte Gemüsegarten an, aus dem dann diese schöne Anlage geschaffen wurde. Die vollkommen neue Gestaltung und Bepflanzung spiegelt Mark Browns Interesse wider, Pflanzen mit gleichen Ansprüchen an den Boden und den Standort zusammen zu gruppieren. Dabei richtete er sich vielfach nach der natürlichen Vegetation der Umgebung. Es entstand ein Garten mit Gräsern und Kräutern, die für diesen sonnigen Standort ideal sind. Der Boden ist warm und leicht, gut geeignet für Salbei, Königskerze, Katzenminze, Majoran, Thymian und andere Kräuter, die mit dem Blaugras *Sesleria caerulea* in der Gartenmitte und der Zwenke *Brachypodium distachyon* am Rand eine harmonische Einheit bilden.

Vielfach wird die Attraktivität von Gräsern unterschätzt; sie werden als vorübergehende Lückenfüller angesehen, die durch wertvollere Pflanzen zu ersetzen sind. Mit zunehmendem ökologischen Bewußtsein hat die Bedeutung von Gräsern aber zugenommen. Es gibt wenig Pflanzen, die so anpassungsfähig sind und so unterschiedliche Eigenschaften über einen sehr langen Zeitraum zur Schau stellen. Vom zeitigen Frühjahr an, wenn die zarten Triebe erscheinen, über die Blüten im Sommer bis zum Spätherbst, wenn die vielen Braun- und Rottöne das frische Grün ersetzen, verdeutlichen Ziergräser die wechselnden Jahreszeiten wie kaum eine andere Pflanze.

Außer *Sesleria* und *Brachypodium*, die den Rahmen des Gartens bilden, sind noch diverse andere Gräser mit interessanten Formen und Farben zu finden, wie etwa das feine Federgras *Stipa tenuissima* und das beeindruckende *S. gigantea*. Diese Gräser gehören zu den anmutigsten Vertretern im Garten. Zu Beginn der Saison wächst *S. tenuissima* aufrecht, aber wenn sich die feinen, seidigen, haferähnlichen Samenstände entwickeln, neigt es sich graziös in warmen Goldtönen zu Boden. *S. gigantea* jedoch fällt durch die bis zu 60 cm aufrechten Blütenstengel auf, von denen große büschelartige Samenstände glitzern. Beide Pflanzen sind leicht aus Samen zu vermehren: Bei *S. tenuissima* entnimmt man die Samen und verstreut sie gleichmäßig auf einer Schale mit Anzuchterde. Dann wird eine dünne Erdschicht über die Samen gesiebt, vorsichtig gewässert und die Schale im Halbschatten aufgestellt. Die kleinen Pflänzchen werden später in einzelne Töpfe gesetzt oder direkt ins Frühbeet gepflanzt. Die Samen von *S. gigantea* lassen sich einzeln abnehmen und dann in Schalen aussäen. Ein weiteres haferähnliches Gras ist das aus Nordamerika stammende *Chasmanthium latifolium* mit anmutigen hängenden Rispen und breiten, flachen Samen, die sich im Wind wiegen.

Bambus ist ebenfalls vorhanden, um Schatten für einen Sitzplatz am Ende einer Pergola zu bieten und dient dort als Lärmschutz, wo die vielbefahrene Straße unterhalb des Gartens verläuft. Abgesehen vom eleganten Wuchs sorgt Bambus auch für „Musik und Bewegung" im Garten – die Blätter und Rohre rascheln und bewegen sich im Wind. Ein Bambusdickicht besteht

Der Gartenarchitekt Mark Brown ließ sich für diesen Garten durch die Vegetation der Hügel bei Givenchy inspirieren. So entstand eine Oase aus Kräutern und Gräsern. Im Spätsommer verändert sich der Garten in eine sich sanft wiegende blaue Blütenlandschaft, die durch das vorherrschende blaugraue Laub zusätzlich hervorgehoben wird.

aus großen Horsten, durch die nur ab und zu die Sonne dringen kann. Die Rohre einiger *Phyllostachys*-Sorten erscheinen in interessanten Farbschattierungen, von Schokoladenbraun, fast Schwarz wie bei älteren Exemplaren von *P. nigra*, bis zu Sonnengelb (*P. aurea* 'Holochrysa'). Es gibt auch viele zweifarbige Rohre: *P. vivax* 'Aureocaulis' hat grüne und gelbe Flecken, und *P. nigra* 'Boryana' ist mit Braun überzogen. *P. flexuosa* bildet dunkelviolette Rohre – und braucht sehr viel Platz.

Im Herbst nehmen die Gräser warme Töne an, die sehr schön zu den blauen Blüten der Rasselblume (*Catananche caerulea*), Katzenminze (*Nepeta* 'Six Hills Giant'), *Perovskia atriplicifolia* und vielen Kräutern passen, die in der Umgebung auch wild vorkommen. Danach sind noch die braunen Dolden, Rispen und Samenstände zu sehen, die eine prächtige nächste Saison versprechen.

(Links) Das zarte Federgras steht in starkem Kontrast zu den agressiven Formen der wilden Distel. (Rechts) Die aufrechten Stiele von Ysop, Lichtnelke, *Perovskia* und Federgras bilden eine harmonische Einheit, gleichzeitig aber auch unterschiedliche Farbebenen.
(Unten) Für eine naturnahe Anlage wie diese eignen sich besonders: I *Paeonia lactiflora* 'White Wings', II Katzenminze (*Nepeta* x *faassenii*, III Rasselblume (*Catananche caerulea* 'Major'), IV Blaugras (*Sesleria caerula*), V Federgras (*Stipa gigantea*), VI Salbei (*Salvia pratensis*), VII Sonnenröschen (*Helianthemum* 'The Bride'), VIII Königskerze (*Verbascum nigrum*), IX Federgras (*Stipa tenuissima*), X Hundszunge (*Cynoglossum nervosum*), XI Kugeldistel (*Echinops ritro*), XII Zwenke (*Brachypodium distachyon*), XIII Affodill (*Asphodelus albus*).

Ein herbstlicher Sträuchergarten

Eine Freundin aus Boston schickte mir ein Bild ihres Gartens im Winter. Zu erkennen waren nur große weiße Formen, die darauf schließen ließen, daß sich unter all dem Schnee etwas verbergen müsse – vielleicht ein Strauch oder ein Mülleimer. Unter so extremen klimatischen Bedingungen kann man nur abwarten, bis das Tauwetter einsetzt. Zugleich brachte das Foto mir erneut zu Bewußtsein, wie die Farben von Rinden an Bäumen und Sträuchern auch den härtesten Winter beleben können.

Es gibt einige Sträucher, die selbst strenge Kälteperioden unbeschadet überstehen – dazu gehören vor allem die Hartriegel mit ihren farbigen Trieben. *Cornus alba* 'Argenteo-Marginata' hat dunkelrote Zweige und im Sommer wunderschönes, zweifarbiges Laub. *C. a.* 'Sibirica' fällt durch rubinrote und *C. a.* 'Kesselringii' durch violettschwarze Triebe auf. Bei *C. a.* 'Spaethii' und *C. a.* 'Westonbirt' erhält man eine prächtige Herbstfärbung und ebenfalls interessante Triebfarben. *C. a.* 'Aurea' hat buttergelbes Herbstlaub an dunkelroten Zweigen. Erwähnenswert ist auch *C. stolonifera* 'Flaviramea' mit dottergelben Zweigen.

Weitere beliebte Sträucher sind Weidenarten, wie die rote *Salix daphnoides* und die gelbe *S. alba vitellina*. Selbst die Trauerweide (*S. 'Chrysocoma'*) zeigt am frischen Holz einen leichten Gelbton. *Salix alba vitellina* 'Britzensis' hat silbrige Flecken auf der purpurfarbenen Rinde. Ein weiterer Strauch, der auffällige Rinde aufweist, ist die Ölweide (*Elaeagnus commutata*); ihre Rinde sieht aus, als sei sie mit Goldstaub überzogen. In Kombination mit den ledrigen, silbergrauen Blättern ist das ein ungewöhnlicher Anblick. Ähnlich faszinierend ist *E. angustifolia* mit langen grauen Blättern und kupferfarbenen Früchten, die in dichten Büscheln entlang der Stämme wachsen.

Es gibt außerdem Sträucher mit leuchtendweißen Zweigen; zu den schönsten gehören zwei Brombeerarten, *Rubus cockburnianus* und *R. thibetanus*, von denen die erstgenannte sehr weiße Rinde hat. *R. t.* 'Silver Fern' besticht durch silbriges, farnartiges Laub. Die Weinbeere (*R. phoenicolasius*) hat dunkelrote Zweige, die dicht mit kleinen Dornen besetzt sind. Die Blattunterseiten sind silbrig, so daß die Pflanze das ganze Jahr über attraktiv ist.

Diese Sträuchersammlung paßt gut in eine Ecke des Gartens, die im Winter von der niedrigstehenden Sonne bestrahlt wird.

Die meisten Sträucher werden etwa 1,2 m hoch, so daß ein oder zwei Bäume dazu gesellt werden sollten, um größere Variationen in der Höhe zu erhalten – vielleicht die leuchtendweiße Himalaja-Birke *Betula jacquemontii* 'Jermyns'. Sie wirkt am besten, wenn sie mehrere Stämme ausbildet. Falls das zu kontrastreich ist, kann die rote Rinde des Ahorns *Acer pensylcanicum* 'Erythrocladum' für einen warmen Farbakzent sorgen. Die zimtfarbene Rinde des Grauahorns *A. griseum* rollt sich in Streifen ab.

(Rechts) Große Anpflanzungen unterschiedlicher Hartriegel-Sorten bilden einen leuchtenden Rahmen für die Stauden mit schönen Blattexturen und aufeinander abgestimmten Farben. Mit den Pflanzen des oben gezeigten Plans läßt sich eine ähnliche Wirkung erzielen:
I Hartriegel (*Cornus alba* 'Westonbirt'), II *C. florida* 'Rainbow', III *Bergenia crassifolia*, IV Brombeere (*Rubus biflorus*), V Hartriegel (*Cornus alba* 'Spaethii'), VI Strauchveronika (*Hebe pinguifolia* 'Pagei'), VII Günsel (*Ajuga reptans* 'Purpurea'), VIII Weinbeere (*Rubus phoenicolasus*), IX Zaubernuß (*Hamamelis* x *intermedia* 'Jelena'), X *Cornus alba*, XI *Symphytum* x *uplandicum* 'Variegatum', XII *Chamaecyparis lawsoniana* 'Winston Churchill', XIII *Cornus stolonifera* 'Flaviramea', XIV Dreispitz-Jungfernrebe (*Parthenocissus trucuspidata*).

(Links) Die Blätter des Rotahorns *Acer rubrum* sorgen für einen wunderschönen leuchtenden Farbtupfer im Herbst.
(Rechts) Es gibt viele Bodendecker mit interessanten Laubfärbungen wie *Bergenia crassifolia*.
(Gegenüber) Immergrüne verleihen einer Gruppe aus überwiegend laubabwerfenden Bäumen zusätzliche Tiefe.

Es gibt viele bodendeckende Pflanzen mit schöner Herbstfärbung; zu den dunkelsten gehört wohl der Kriechende Günsel *Ajuga reptans* 'Atropurpurea' mit purpurfarbenen Blättern. Die Jungfernrebe (*Parthenocissus tricuspidata*) bildet eine glänzende flammenrote Fläche am Boden oder an Mauern. Ebenfalls als farbenprächtiger Bodendecker geeignet ist *Nandina domestica* 'Wood's Dwarf', ein halbimmergrüner (oder eher immer brauner) kleiner Strauch, der sich im Schutz höherer Sträucher wohl fühlt.

Mit ein paar immergrünen Sträuchern verleiht man der Bepflanzung Tiefe; geeignet ist die Scheinzypresse *Chamaecyparis lawsoniana* 'Winston Churchill', wie hier gezeigt, oder – wenn kein absoluter Blickfang benötigt wird – die hübsche Sicheltanne *Cryptomeria japonica* 'Globosa Nana'. Goldfarbene, leuchtende Sträucher können ein Licht- und Schattenspiel erzeugen; dies läßt sich mit der Stechpalme *Ilex aquifolium* 'Bacciflava' und ihren gelben Beeren, mit einer weiteren Ölweide, diesmal *Elaeagnus pungens* 'Maculata', oder mit einem Bodendecker wie dem Spindelstrauch *Euonymus fortunei* 'Emerald 'n' Gold' verwirklichen.

Ein winterblühender, duftender Strauch kann für einen weiteren Höhepunkt sorgen. Ich würde auf jeden Fall eine Zaubernuß pflanzen, wie etwa *Hamamelis* x *intermedia* 'Jelena', eine Variante der bekannten gelbblühenden Sorten – mit orangefarbenen Blüten. Auch die Zaubernuß zeigt eine schöne Herbstfärbung, und ein anderes Mitglied dieser Familie, *Disanthus cercidifolius*, erscheint im Herbst in herrlichen Rottönen.

Pflanzen mit farbenprächtigen Trieben und Zweigen müssen besonders gepflegt werden, damit die Farben auch langfristig erhalten bleiben. Das alte Holz wird herausgeschnitten, um neues Wachstum, das die stärksten Färbungen aufweist, anzuregen. Das zeitige Frühjahr, kurz bevor die neue Vegetationszeit beginnt, ist dafür der beste Zeitpunkt. So kann man dann die schönen Farben der Zweige im Herbst und Winter genießen und schafft die Voraussetzung für das gleiche Farbenspiel im nächsten Jahr.

Oft wird empfohlen, absolut jeden alten Zweig zu entfernen, so daß nur die Stümpfe übrigbleiben. Spielen die Sträucher aber auch eine strukturgebende Rolle im Garten, wird man wahrscheinlich nicht so radikal vorgehen wollen; es reicht, ein Drittel der Zweige, vor allem die ältesten, zu entfernen. Das alte Holz ist leicht an der dunklen Farbe und der Stärke der Zweige zu erkennen. (Für den Schnitt müssen Sie vielleicht eine Spezialschere oder eine Säge zu Hilfe nehmen.) Entfernen Sie anschließend auch alle beschädigten oder unschönen Zweige, so daß der Strauch eine gefällige, offene Form erhält.

(Rechts) Auch in einem kleinen Garten ist Platz für große Blattpflanzen – die Wirkung ist wesentlich stärker, dramatischer und langanhaltender, als bei einer Sammlung niedriger, kleinwüchsiger Blütenpflanzen.
(Unten) Ein schmaler Weg unter einem Dach aus Immergrünen wird gesäumt von vielen schattenliebenden Sträuchern, goldpanaschierten Gräsern wie *Cortaderia selloana* 'Sunstripe' und *Hakonechloa macra* 'Alboaurea' sowie bodendeckendem Efeu und *Tolmiea*.

Ein kleiner Garten im Hinterhof

Sonny Garcia hat im Norden von Kalifornien aus einem kleinen Hof mit einer Vielzahl von Blattpflanzen einen wunderschönen Garten gestaltet. Mehr als 150 Arten und Sorten, von der Hanfpalme (*Trachycarpus fortunei*) bis zu Bodendeckern wie *Tolmiea menziesii* 'Taff's Gold', sind hier anzutreffen. Trotz der großen Vielfalt strahlt der Garten eine Atmosphäre von Ruhe und Geborgenheit aus. Die Pflanzebenen mit kontrastierenden Formen und Farben haben einen eigenen Rhythmus. Imposante zweifarbige Gräser wie etwa *Cortaderia selloana* 'Sunstripe' und *Hakonechloa macra* 'Alboaurea' säumen die gepflasterten Wege und lassen die harten Übergänge weicher erscheinen.

Gräser sorgen mit ihren raschelnden, sich im Wind wiegenden Halmen für sanfte Geräusche im Garten. Diese zarten Laute unterstreichen paradoxerweise die Stille des Gartens und sind ein guter Ersatz für Wasser, ein ebenfalls oft verwendetes „Klangelement". Bambus erzeugt einen ähnlichen Effekt und ist ein idealer Sichtschutz oder schattiger Schutzgürtel, vor dem niedrige, breitwachsende Formen einen schönen Kontrast bilden. Die Sorte *Phyllostachys nigra* wird etwa 3,5 m hoch, mit anfangs hellgrünen, später schwarzen Rohren. Wird dieser Bambus als vertikales Element eingesetzt, kombiniert mit den Wedeln des Geißbartes (*Aruncus dioicus*) und einer schönen bodendeckenden, breitblättrigen Funkie, vielleicht *Hosta undulata* var. *univittata*, erhält man ein harmonisch und beruhigend wirkendes Plätzchen.

In diesem Garten haben die größeren Gehölze besonders auffälliges Laub, als wollten sie ihre Bedeutung als Schutz und Hin-

(Unten) Ein Plan, der die Gestaltungsprinzipien von Sonny Garcia berücksichtigt: I Kirschpflaume (*Prunus cerasifera pissardii*), II *Cyathea cooperi*, III *Hakonechloa macra*, IV *Cordyline australis* 'Albertii', V Ahorn (*Acer pseudoplatanus* 'Prinz Handjery'), VI Pampasgras (*Cortaderia selloana*), VII *Rhododendron*, VIII *Magnolia*, IX Hanfpalme (*Trachycarpus fortunei*), X Geißblatt (*Lonicera nitida*), XI Spierstrauch (*Spiraea japonica* 'Goldflame'), XII Perückenstrauch (*Cotinus coggygria*), XIII Spalierapfel.

tergrund für die niedrigeren Pflanzen betonen. Hier finden sich auch Rhododendren mit panaschierten Blättern und eine *Magnolia* x *soulangiana*, die, anders als die immergrünen Rhododendren, ihre Blätter verliert und erst nach der Blüte Laub bildet. Ihre breite, kräftige Wuchsform ist ideal für einen schattigen Sitzplatz.

Sträucher mit Bronze-, Violett- und Gelbfärbung bilden das Grundthema in diesem Garten. Der rote Ahorn *Acer palmatum* 'Atropurpureum', die Kirschpflaume *Prunus cerasifera* 'Pissardii', der Perückenstrauch *Cotinus coggygria* 'Royal Purple' und der Flachs *Phormium* 'Dark Delight' sind bestechende Gewächse mit dunklem Laub. Dazu passen die vielen Pflanzen mit gelbpanaschierten Blättern, wie das Pampasgras (*Cortaderia selloana* 'Sunstripe) und Keulenlilie (*Cordyline australis* 'Albertii'), die wie Sonnenstrahlen durch den dunklen Blätterwald leuchten. Das vielgeliebte Geißblatt *Lonicera nitida* 'Baggesen's Gold' und der Spierstrauch (*Spiraea japonica* 'Goldflame') sind bekannte gelbblättrige Gehölze; ungewöhnlicher ist da der Ahorn *Acer pseudoplatanus* 'Prinz Handjery' mit hellrosa Austrieb, der allmählich in Grün übergeht. Bei einer so dichten Bepflanzung müssen die Bodendecker schattenverträglich sein, wie das gelbpanaschierte Efeu, das für etwas Helligkeit in dunklen, schattigen Bereichen sorgt und die Prachtscharte (*Liatris spicata*).

In einem Garten dieser Größe (10 x 15 m) muß kräftig und regelmäßig – aber sehr überlegt – zurückgeschnitten werden, nicht nur, um das Wachstum zu kontrollieren, sondern auch um die Pflanzen gesund zu erhalten. Durch dichte Bepflanzungen bilden sich Geiltriebe, weil die Gewächse nicht genügend Licht bekommen. Ein Schnitt wirkt vorbeugend und regt kräftiges Wachstum an. Das ist vor allem für Laubpflanzen wichtig, deren Neuaustrieb stets die schönsten Blätter und Farben aufweist.

VERMEHRUNG

Praktische Überlegungen gehören zum Garten ebenso wie eine wohlüberlegte Planung und ansprechende Bepflanzung. In einem Garten, in dem vor allem Gehölze und Blattpflanzen im Mittelpunkt stehen, spielt die Vermehrung eine wichtige Rolle. Auch wenn Sie nicht alle Pflanzen selbst vermehren möchten, gibt es immer wieder ein besonderes Exemplar im Garten, das durchaus auch noch an anderer Stelle angesiedelt werden könnte; oder Sie möchten ältere Gewächse erneuern, die ihre Schönheit eingebüßt haben. Außerdem ist es sehr befriedigend, Pflanzen aus eigener Anzucht an Freunde und Nachbarn weitergeben zu können. Vielerorts finden auch Pflanzentauschaktionen statt, die für jeden Gartenliebhaber interessante Überraschungen bieten.

Pflanzen sind in mehrere Kategorien aufgeteilt, nach denen sich auch die Art und Weise ihrer Vermehrung richtet. Streng nach dem Prinzip „nicht nur wie, sondern auch warum", folgen Erläuterungen zur Physiologie der Pflanze. Sie müssen sich mit diesem Kapitel nicht auseinandersetzen; ich bin aber davon überzeugt, daß etwas theoretisches Wissen auch bei der praktischen Arbeit im Garten sehr hilfreich sein kann.

Im Spätsommer werden die Blütenähren des Hechtkrauts (*Pontederia cordata*) von schützenden hellgrünen Blättern umhüllt. Diese Art gehört zu den wenigen blaublütigen Sumpfpflanzen; sie kann im Frühling durch Teilung vermehrt werden.

Einjährige Es gibt zwei Arten von einjährigen Pflanzen, winterharte und nicht winterharte. Beide haben eine Lebensdauer von nur einem Jahr und werden aus Samen gezogen. Winterharte Pflanzen werden direkt am gewünschten Standort ausgesät (im Frühling oder Herbst). Empfindlichere werden unter Glas vorgezogen, meist im zeitigen Frühjahr, oft mit Hilfe von Wärme, um die Keimung zu fördern, und dann erst nach dem letzten Frost ausgepflanzt.

Zweijährige Diese Pflanzen bilden in der ersten Saison nur Blätter, blühen in der nächsten Saison und sterben dann ab. Die Samen werden meist im Sommer in Frühbeete gesät. Im folgenden Frühjahr kann man die kleinen Pflänzchen an den endgültigen Standort versetzen. Zweijährige lassen sich auch vegetativ, über Stecklinge, vermehren.

Mehrjährige Pflanzen dieser Art haben meist eine lange Lebensdauer. Zu ihnen gehören die Stauden (einschließlich Zwiebel- und Knollengewächsen), die ein ausdauerndes Wurzelsystem haben, aber jährlich oberirdisch absterben, immergrüne, holzige Gewächse (Gehölze) mit einem dauerhaften Wurzelsystem und holzigen Trieben, die auch im Winter belaubt sind, sowie laubabfwerfende, holzige Pflanzen, die ihre Blätter verlieren. Mehrjährige, auch Ausdauernde genannt, werden überwiegend vegetativ vermehrt, obwohl eine Anzucht aus Samen möglich ist.

Samen

Viele Pflanzen vermehren sich über Samen (generativ oder geschlechtlich), die in Früchten, Beeren oder Kapseln enthalten sind. Jeder Samen entwickelt sich aus einer befruchteten Eizelle. Alle anderen Methoden, wie die Vermehrung über Stecklinge und Teilungen, sind vegetativ. Will man sichergehen, daß die neuen Pflanzen genau der Mutterpflanze entsprechen – sortenecht sind – ist eine vegetative Vermehrung empfehlenswert.

Blütenaufbau Man kann fast alle Pflanzensamen aussäen – allerdings mit unterschiedlich großem Erfolg. Um Samen zu erhalten, sind zuvor Blüten erforderlich. Für das Verständnis der Samenentwicklung und Keimung sind Grundkenntnisse über den Blütenaufbau hilfreich.

Die meisten Blüten sind zweigeschlechtlich (hermaphroditisch), sie enthalten männliche und weibliche reproduzierende Teile; einige Pflanzen tragen gleichzeitig männliche und weibliche Blüten, andere haben nur weibliche oder nur männliche Blüten. Um Samen von eingeschlechtlichen Pflanzen zu gewinnen, sind Pflanzen beider Geschlechter erforderlich.

Eine Blüte besteht überwiegend aus Blütenblättern oder Kronblättern (Petalen), die oft leuchtende Farben und duftende Drüsen haben, um Insekten anzulocken und so eine Bestäubung zu ermöglichen. Die Blütenblätter sind in der Blütenkrone ringförmig angeordnet. Jedes Blütenblatt verfügt über Rillen oder Furchen, die Insekten in das Blüteninnere leiten.

Am unteren Ende der Blüte befinden sich die Kelchblätter (Sepalen), die den Blütenkelch (Calyx) bilden und dazu dienen, die Knospen zu schützen. Innerhalb der Blütenblätter sind die Staubgefäße angeordnet, die aus pollentragenden Staubbeuteln an langen Staubfäden bestehen. Aufgabe der Staubfäden ist es, die Staubbeutel in eine geeignete Position für die Übertragung von Pollen durch Insekten oder Wind zu bringen. Ist der Pollen reif, öffnen sich die Staubbeutel, um ihn freizugeben. Die Staubgefäße sind die männlichen Organe.

Die weiblichen Samenanlagen (Fruchtknoten) befinden sich tief im Blüteninneren. Die Staubgefäße nehmen den reifen Pollen auf; sie sind oft klebrig und behaart, um die Übergabe zu erleichtern. Die Pollenkörner keimen auf der Narbe, und ein Pollenschlauch, der die männlichen Kerne enthält, wächst durch das Gewebe des Griffels und verschmilzt mit den weiblichen Kernen – das ist die Befruchtung, durch die sich dann der Same bilden kann. Die Samenbildung erfolgt am Blütenboden, dort, wo die Blüte auf den Stiel trifft.

Bestäubung Es gibt zwei Arten der Bestäubung: Fremdbestäubung, wobei der Pollen von einer Pflanze zur nächsten gelangt, und Selbstbestäubung – eine Pflanze bestäubt ihre eigenen Blüten. Eine Fremdbestäubung erfolgt entweder durch Insekten (auch durch Vögel oder Schnecken) oder durch Wind. Pflanzen, die auf eine Bestäubung durch Insekten angewiesen sind, haben meist große, leuchtende, oft duftende Blüten. Die Staubbeutel sind klein und die Staubfäden kurz; es wird nur wenig Pollen produziert. Die einzelnen Pollenkörner sind so angelegt, daß sie gut an Insekten haften. Die Narbe ist ebenfalls klein und sitzt tief unten in der Blüte. Pflanzen, die überwiegend durch Wind bestäubt werden, haben kleine, unauffällige Blüten ohne Duft oder Nektar. Die Staubbeutel hängen an langen Fäden. Sie produzieren eine größere Menge leichter Pollenkörner, die problemlos von den langen, behaarten Staubbeuteln aufgenommen werden können.

Befruchtung Unter Befruchtung versteht man eine Verschmelzung des Pollenkerns (männliche Geschlechtszelle) mit der Samenanlage (weibliche Geschlechtszelle), nachdem der Pollen von der Narbe aufgenommen wurde (*Abb. 5*). Jede Geschlechtszelle (Gamet) enthält die Hälfte der genetischen Informationen. Chemische Substanzen auf der Narbe erkennen, ob der Pollen „akzeptabel" ist oder nicht – so werden Bestäubungen zwischen ungeeigneten Pflanzen ausgeschlossen. Der Pollen muß auch den Anforderungen der Narbe entsprechen; außerdem ist Feuchtigkeit erforderlich.

Sind diese Voraussetzungen erfüllt, produziert der Pollen einen Schlauch, der den Griffel hinunter wächst, dabei Nährstoffe aufnimmt und schließlich den Fruchtknoten erreicht. Dort dringt der Schlauch durch eine Membranschicht (Mikropyle) in eine Eizelle ein. Ist dieser Prozeß abgeschlossen, wird ein Pollenkorn freigesetzt und durch den Schlauch in die Eizelle geleitet. Die männlichen und weiblichen Geschlechtszellen verschmelzen zur Zygote, einer Zelle, die sich zu teilen beginnt und schließlich zu einem Same wird (*Abb. 5*).

Ist die Blüte befruchtet, verwelkt sie und stirbt ab, manchmal verbleiben die Kelchblätter. Die sich entwickelnde Zygote gibt ein Hormon frei, das eine Schwellung des Fruchtknotens bewirkt, aus der sich dann eine Frucht entwickelt – eine fleischige Beere oder eine trockene Kapsel. Leuchtende Beeren ziehen Vögel an, die den Samen fressen und dann wieder in der Umgebung ausscheiden. Andere Tiere nehmen Beeren, Nüsse und trockene Samen auf, vergraben sie im Erdreich oder verteilen sie ebenfalls im Garten; trockene Samen werden überwiegend durch den Wind verteilt.

Keimung Unter guten Bedingungen beginnt der Samen nach geraumer Zeit zu keimen. Er nimmt Feuchtigkeit aus der Erde über die Mikropyle auf und wächst heran (*Abb. 6*), wobei er die Nährstoffreserven in den Keimblättern aufbraucht. Die Keimblätter (Kotyledone) dienen auch der Photosynthese, bevor die ersten echten Blätter erscheinen. Die Keimwurzel entwickelt sich und bricht durch die Samenschale hindurch (dieser feste Mantel umgibt den Samen und schützt ihn vor Krankheiten sowie Verletzungen). Die Keimwurzel wächst weiter und produziert seitliche Wurzeltriebe, durch die der Keimling verankert wird und zusätzlich Nährstoffe erhält. Beim Austritt des Keimlings ans Licht wird er durch eine dünne Hülle geschützt.

Die Keimachse (Hypokotyl) streckt sich, wobei die Keimblätter aus der Erde gezogen werden (*Abb. 6a*). Bis zu diesem Zeitpunkt haben die Keimblätter den Sproßpol (Plumula) geschützt. Jetzt aber, da der Sproßpol wächst, werden die Keimblätter auseinander gerissen, so daß sich die echten Blätter ausbreiten können (*Abb. 7*). Dieser Keimungsprozeß läuft bei allen zweikeimblättrigen Pflanzen (Dikotylen) gleich ab.

Einkeimblättrige Pflanzen (Monokotylen) haben nur ein einzelnes Keimblatt (*Abb. 8*). Keimwurzel und Sproßpol befinden sich innerhalb eines Schaftes, der Wurzelscheide (Coleorhiza). Die Keimwurzel bricht durch die Wurzelscheide und durch die Samenschale hindurch, dann tritt der Sproßpol hervor, geschützt von der Wurzelscheide. Die Wurzelscheide wird gesprengt, und die ersten echten Blätter erscheinen.

Die meisten Pflanzen sind zweikeimblättrig. Ihre Keimblätter stoßen ans Licht hervor, so daß die Photosynthese einsetzen kann. Die echten Blätter haben eine Mittelader und netzartige Adermuster. Der Blattstiel besteht aus konzentrisch aufgebautem Gefäßgewebe (*Abb. 9*), zusammengesetzt aus Phloem, Xylem und Cambium. Meist ist nur ein Wurzelsystem vorhanden, obwohl einige Pflanzen Sekundär- oder Adventivwurzeln entlang der Stengel oberirdisch bilden, um zusätzlich Nährstoffe aufzunehmen. Die Blüten bestehen aus Petalen (Kronblättern) und Sepalen (Kelchblättern), meist in Vielfachen von 4 oder 5.

Einkeimblättrige Pflanzen haben nur ein Keimblatt, das unterhalb der Erde verbleibt. Die Blätter haben einfache, oft lange Formen mit parallelen Blattadern. Die Gefäßbündel der Stengel sind unregelmäßig verteilt, wodurch sich schwammige

Abb. 5 Befruchtung

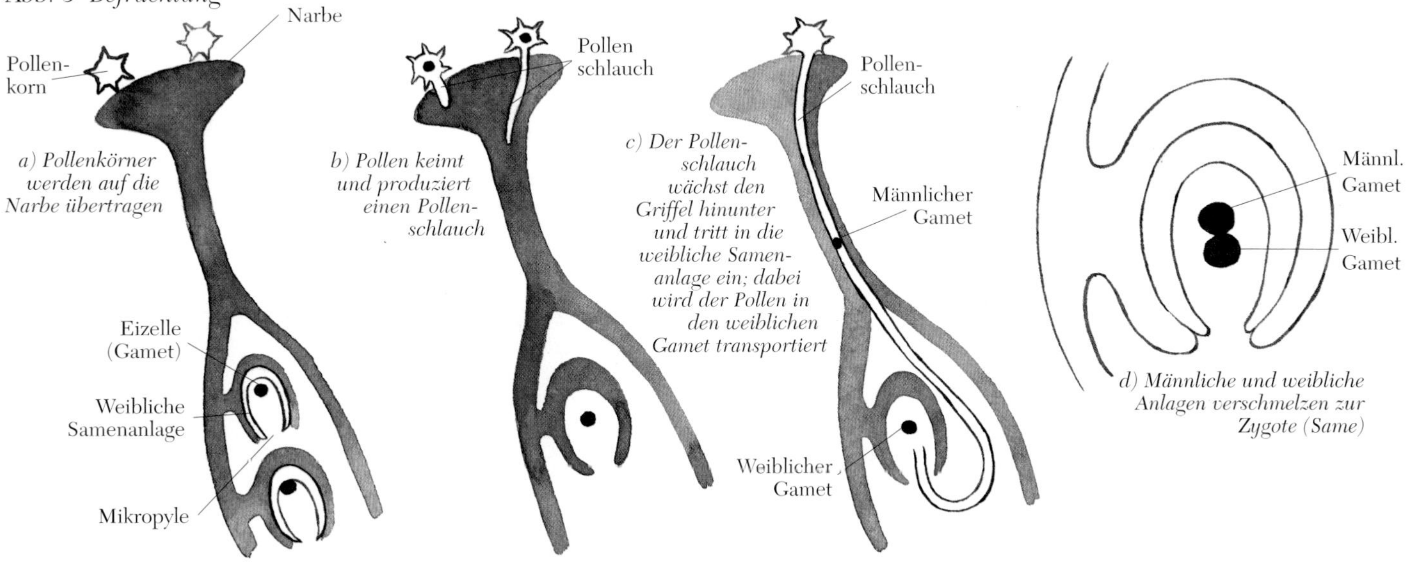

Abb. 6 Keimung

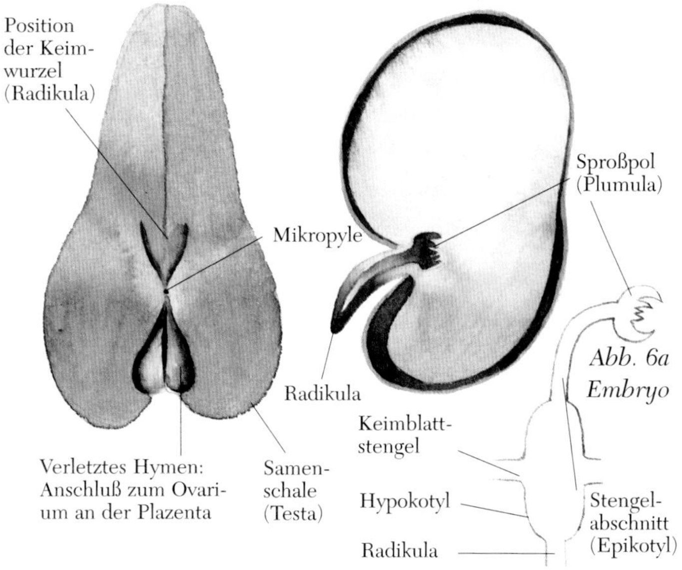

Stiele bilden. Die Wurzeln sind faserig, häufig adventiv. Blüten- und Kelchblätter stehen in einem Vielfachen von 3.

Samen können trocken oder feucht sein. Trockene Samen müssen auch trocken und kühl gelagert werden – viele profitieren von einer kurzen Frostperiode. Trockene Samen sollten nicht in Plastiktüten oder -behältern aufbewahrt werden, besser geeignet sind Briefumschläge und Pappkartons.

Feuchte, ölige Samen (etwa von Eiche und Kastanie) enthalten Fette und Wasser. Sie dürfen nicht austrocknen, da sonst die Keimfähigkeit verhindert bzw. die Keimruhe verstärkt wird. Feuchte Samen werden in eine Mischung aus Sand und Torf gegeben und luftig aufbewahrt (Stratifikation).

Teilweise sind Samen von Fruchtfleisch umgeben, das zur Keimung entfernt werden muß. Dazu werden sie in warmem Wasser eingeweicht oder zerdrückt. Die Samen kann man auch in einer luftdicht verschlossenen Plastiktüte aufbewahren, bis das Fruchtfleisch durch natürliche Bakterien zerstört ist.

Einige Samen halten einen Ruhezustand ein, der die Keimung verhindern kann. Diese Keimruhe läßt sich brechen: Manche Samen benötigen hohe Temperaturen, andere Kälte- oder Frostperioden und können stratifiziert werden (d. h. in einem Gemisch aus Sand und Torf über Winter im Garten oder einige Wochen im Kühlschrank aufbewahrt werden). Bei einigen Samen muß man nur die harte Schale oder Kapsel einritzen oder sie in heißem Wasser einweichen, so daß sich Keimwurzel, Keimachse und Keimblätter entwickeln können.

Aussaat Die Vermehrung aus Samen ist eine einfache Methode, um den Pflanzenbestand zu vergrößern. Überwiegend wird sie auf winterharte und frostgefährdete Einjährige und Zweijährige angewandt, obwohl auch die meisten anderen Gewächse aus Samen zu ziehen sind. Um Hybriden zu bilden, sollten nur Samen aus kontrollierter Bestäubung benutzt werden. Andernfalls erhalten Sie nicht immer die gewünschten Pflanzeneigenschaften. Handelt es sich bei der Pflanze, von der Sie Samen nehmen, um eine Hybride, kann es geschehen, daß die neuen Pflanzen anders als die Mutterpflanze aussehen und vielleicht Merkmale der vorherigen Generation tragen. Das kann allerdings zu sehr interessanten Überraschungen führen.

Benutzen Sie zum Aussäen nur sorgfältig gesäuberte Gefäße, Töpfe oder Schalen und füllen Sie diese mit guter Anzuchterde oder einem Substrat. Drücken Sie die Erde vorsichtig an, und wässern Sie gut. Die Samen werden dann gleichmäßig auf die Oberfläche gestreut und mit einer dünnen Erdschicht bedeckt. Anschließend wird wieder gewässert (eventuell mit einem Zusatz zum Schutz der Sämlinge). Die Behälter werden dann mit Plastikfolie oder Glas bedeckt und an einen warmen, nicht heißen, Platz gestellt. Der Lichteinfall sollte nicht zu stark sein. Im Handel gibt es spezielle Saatschalen mit beheizbaren Böden, die für manches Saatgut sehr nützlich sind.

Die Keimdauer hängt von den jeweiligen Samen ab. Wenn die Samen zu keimen beginnen, benötigen sie mehr Licht. Haben die Sämlinge nur unzureichend Licht, bilden sie Geiltriebe aus, werden lang und dünn und anfällig für Krankheiten.

Sobald die ersten echten Blätter erscheinen (nach den Keimblättern), können die Sämlinge umgesetzt werden. Sie werden an den Blättern – nicht am Stiel – angefaßt und vorsichtig aus der Erde gehoben. Ein beschädigtes Blatt kann durch die Pflanze ersetzt werden, ein beschädigtes Stielchen zieht aber unweigerlich ein Absterben nach sich.

Abb. 7 Zweikeimblättrige (dikotyle) Vermehrung

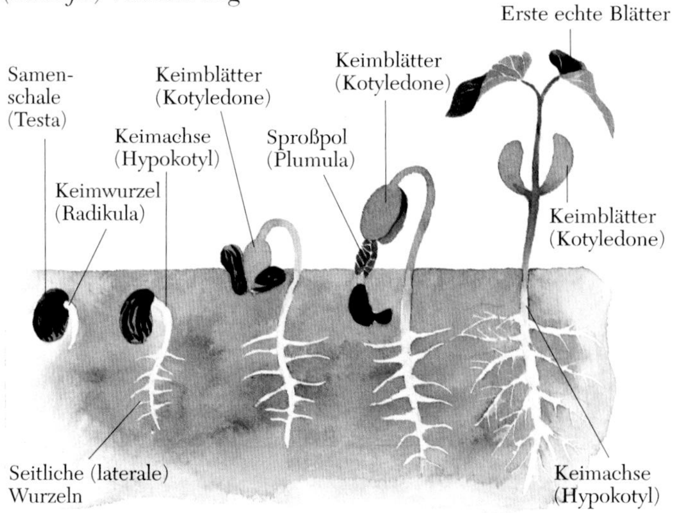

Sämlinge größerer Pflanzen werden in einzelne kleine Töpfe gesetzt; andere können zusammen in Schalen weiter wachsen. Der Abstand zwischen den jungen Pflänzchen sollte jedoch mindestens 2 cm betragen.

Die ausgedünnten Sämlinge sollten nicht direkter Sonne ausgesetzt sein und in den Saatschalen oder Töpfen für jeweils einige Stunden am Tag ins Freie gesetzt werden, um sich langsam zu akklimatisieren.

Stauden, die aus Samen gezogen wurden, können bereits in der zweiten Saison blühen, es gibt aber auch einige, die mehrere Jahre bis zur ersten Blüte benötigen. Samen von Kultivaren und F1-Hybriden entsprechen meist nicht genau ihren Mutterpflanzen. Die Samen werden im Frühling oder Sommer auf ein freies Beet gesät bzw. in Töpfe gesetzt.

Betrachten Sie den Samen einmal ganz genau. Ist er flach, keimt er wesentlich schneller, wenn er mit einer Schmalseite in die Erde gesteckt wird. Einige Samen haben lange „Schwänze" – wird der Samen so in die Erde gesteckt, daß dieser Teil herausragt, dreht er sich beim Trocknen herum und verankert sich dadurch fest in der Erde.

Der Stengel

Vermehrung durch Stecklinge aus Stengeln ist ebenfalls eine sehr beliebte Methode, den eigenen Pflanzenbestand zu vergrößern. Blattstecklinge werden seltener benutzt; man verwendet sie aber zum Vermehren einiger Zimmerpflanzen.

Beides sind vegetative Vermehrungen, die garantieren, daß die Pflanzen exakte Repliken der Mutterpflanze sind. Durch Stecklinge erhält man relativ schnell neue Stauden.

Abb. 8 Einkeimblättrige (monokotyle) Keimung

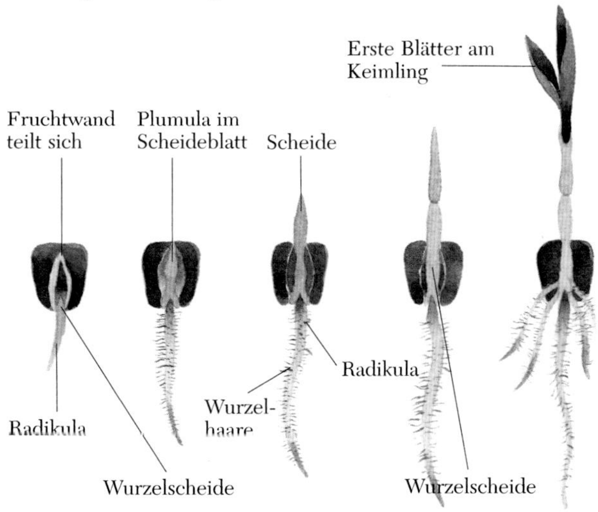

Stengel erfüllen noch weitere wichtige Funktionen. Sie bilden das oberirdische Gerüst der Pflanze, sind Stützen für Blätter, Blüten und Früchte und erleichtern die Bestäubung, indem sie sich zum Licht ausrichten können. Die Blätter sind so um die Stengel angeordnet, daß auch die Sauerstoffverhältnisse optimal ausgenutzt werden. Sie dienen dem Wasser- und Mineraltransport von den Wurzeln in die Blätter und ermöglichen die Produktion und Speicherung von Nährstoffen für das Gewebe. Die Nährstoffbildung bzw. der Nährstoffaustausch (die eigentliche Photosynthese) findet überwiegend in den Blättern, teilweise aber auch in den Stengeln statt.

Bei einem grünen, krautigen Stengel (*Abb. 8*) besteht die Epidermis (die Oberhaut) aus einer Schicht enganliegender Zellen, die das innere Gewebe stützen, einen übermäßigen Wasserverlust verhindern und als Schutz vor Krankheiten und Beschädigungen dienen. Die Epidermis verfügt über winzige Poren, die sogenannten Lentizellen, durch die die Pflanze atmet (dieser Vorgang heißt auch Respiration), indem sie Kohlendioxid in Sauerstoff umwandelt.

Bei älteren oder verholzten Pflanzenstengeln liegt über der Epidermis noch eine äußere Korkschicht, die aus mehreren Zellenschichten besteht – das ist die bei vielen Bäumen und Sträuchern so dekorative Rinde oder Borke.

Die Rinde und das Mark der Pflanze bestehen aus großen dünnwandigen Zellen, die durch Lufträume getrennt sind. Die Zellen selbst dienen der Wasseraufnahme; sind sie gefüllt, helfen sie, den Stengel aufrecht zu halten – eine Pflanze verwelkt, wenn diese Zellen leer oder ungenügend gefüllt sind. Die Zellen bilden auch eine Schutzschicht, um die Leitbündel Phloem (den Siebteil) und Xylem (den Gefäßteil) zu schützen. Das Phloem ermöglicht den Transfer der Nährstoffe, die über die Photosynthese der Pflanze zugeführt wurden, während Wasser und Nährstoffe, die über die Wurzeln aufgenommen wurden, mit Hilfe des Xylems in die Blätter gelangen.

Das Kambium ist eine Schicht aus dünnwandigen, eng aneinanderliegenden Zellen, die die Leitbündel teilen und dabei die innere Xylem-Schicht von der äußeren Phloem-Schicht trennen. Xylem und Phloem werden vom Kambium erzeugt. Jedes Jahr schiebt die neue Schicht die ältere hinaus, wodurch die charakteristischen Baumringe entstehen. Kambium-Zellen sind in der Lage, Adventivwurzeln zu teilen und zu produzieren – aus dieser Schicht entwickeln sich also die Wurzeln eines Stecklings.

Die Spitze des Stengels ist die Gipfelknospe (*Abb. 9a*), sie enthält hormonell aktives Bildungsgewebe. Die Blätter sind an Knoten am Stengel angesetzt. Der Abstand zwischen den Knoten wird mit Stengelglied bezeichnet – einige Pflanzen werden über solche Stecklinge vermehrt (*Abb. 10d*).

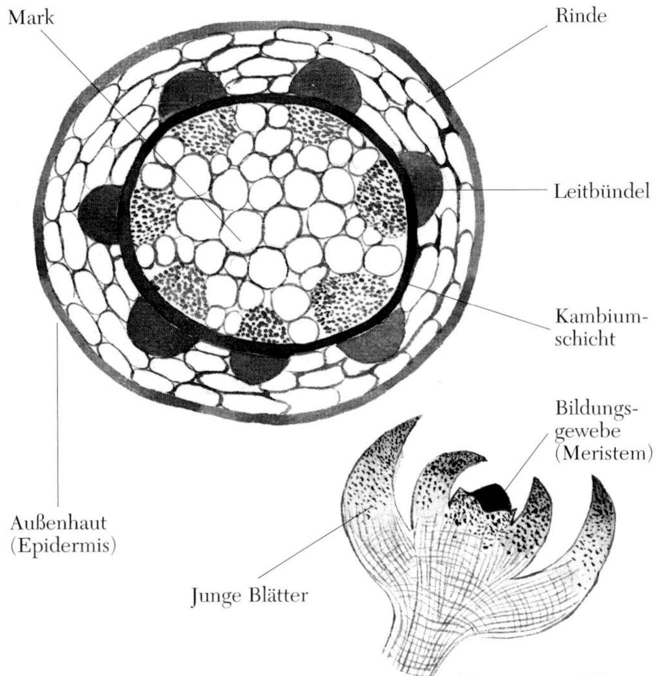

Abb. 9 Stengelaufbau *Abb. 9a Gipfelknospe*

Stecklinge Über krautige Triebe lassen sich vor allem Stauden gut vermehren; diese Stecklinge werden überwiegend im Frühjahr genommen, wenn kräftiges Wachstum zu erkennen ist. Für die Stecklinge wählt man gesunde Triebe ohne Blütensprosse aus. Geschnitten werden sie unmittelbar unter einem Knoten, ihre Länge richtet sich nach der Pflanzenart – meist etwa 10 cm. Die Stecklinge sollten möglichst früh am Morgen geschnitten werden, dann, wenn sie angeschwollen sind. Zur vorübergehenden Aufbewahrung kann man sie in eine feuchte Plastiktüte geben; sie dürfen auf keinen Fall austrocknen.

Töpfe und Tröge werden wie für die Aussaat vorbereitet; man kann dem Vermehrungssubstrat noch etwas Sand hinzufügen. Junge Wurzeln lieben lockeren Boden – in verdichteter Erde können sie schnell absterben. Das Substrat sollte auch nicht zu fest angedrückt werden, da Luft und Feuchtigkeit im Wurzelbereich sehr wichtig sind.

Zur Vorbereitung des Stecklings wird der Stengel unterhalb des untersten Knotens mit einem Messer abgeschnitten (*Abb. 10a*); dabei darf das Ende des Stengels nicht beschädigt werden. Dann werden die unteren Blätter entfernt. Bei Sommerstecklingen sollten nur die beiden obersten Blattpaare verbleiben. Stecklinge, die im Herbst, Winter oder zeitigen Frühjahr genommen werden, benötigen mehr Blätter, um soviel Licht wie möglich zu absorbieren und dadurch die Photosynthese fortsetzen zu können. Stammt der Steckling von einer sehr großblättrigen Pflanze, kann man jedes Blatt halbieren und den Schnittrand in eine desinfizierende Lösung tauchen, um Wundinfektionen vorzubeugen.

Wenn das Kambium, eine Gewebeschicht, die ständig neue Zellen bilden kann, verletzt wird, was ja durch das Schneiden eines Stecklings geschieht, entwickelt sich ein dünnwandiges Wundgewebe (Kallus) und daraus wiederum entstehen die Wurzeln. Hormone sammeln sich an der Schnittstelle und aktivieren die wurzelbildenden Zellen. Diesen Prozeß kann man durch Bewurzelungshormone noch fördern. Wuchsstoffe dürfen aber nur in kleinen Mengen verwendet werden, da eine zu hohe Dosierung das empfindliche Gewebe schädigen kann.

Mit Hilfe eines Bleistifts oder kleinen Holzstücks wird der Steckling vorsichtig in die Erde gesetzt – so tief, daß er Halt findet, der Vegetationspunkt aber deutlich über der Erdoberfläche liegt. Das Substrat wird dann vorsichtig um den Steckling herum angedrückt und gewässert.

Die Stecklinge müssen feucht, aber nicht naß, gehalten werden. Wenn Sie viele Pflanzen selbst vermehren wollen, sollten Sie vielleicht in einen Sprühnebelkasten investieren. Diese Kästen haben einen Sprühkopf, mit dem in regelmäßigen Abständen ein feiner Wassernebel erzeugt wird. Meist haben derartige Anlagen auch ein Bodenheizkabel, so daß die Pflänzchen auch von unten ideale Bedingungen erhalten und das Wurzelwachstum angeregt wird. Ansonsten können Sie die Töpfe oder Schalen auch mit einer Plastikfolie abdecken oder eine durchsichtige Plastikflasche durchschneiden und den oberen Teil als „Minitreibhaus" über die Sämlinge stülpen. (Diese Methode

Abb. 10 Triebstecklinge

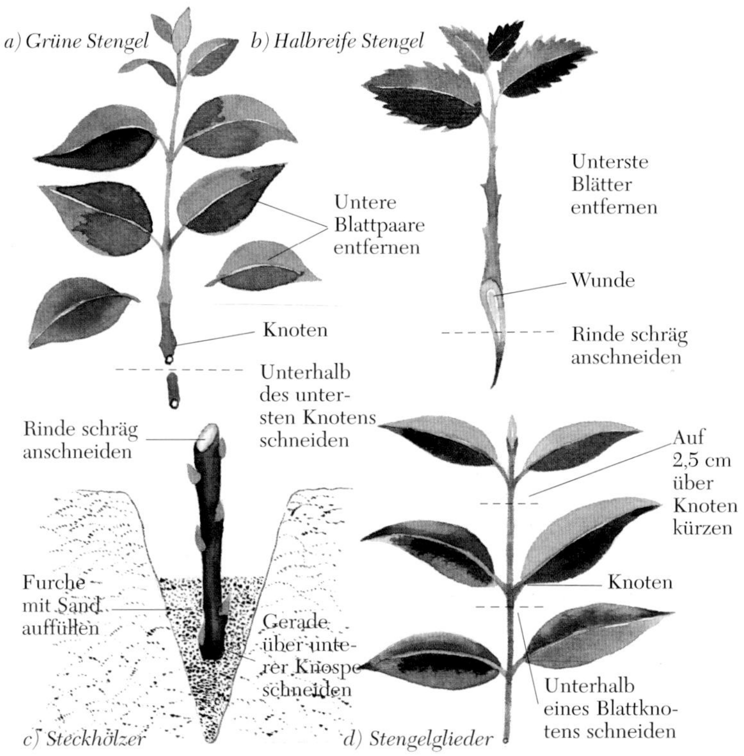

eignet sich gut für die Anzucht in einzelnen Töpfen.) Im Sommer ist die normale Wärme meist ausreichend, durch einen beheizbaren Kasten läßt sich der Wachstumsprozeß allerdings beschleunigen.

Stecklinge sollten nicht in direktem Sonnenlicht, sondern an einem kühlen, schattigen Platz aufbewahrt werden. Nach einigen Wochen kann man vorsichtig an einem Blatt ziehen: Bleibt das Pflänzchen fest in der Erde, sind genügend Wurzeln vorhanden, und es kann umgetopft werden. Die einzelnen Töpfe sollten zum Abhärten geschützt im Freien aufgestellt werden. Erst dann, wenn die Pflanzen sich gut entwickelt haben, werden sie in den Garten ausgepflanzt.

Halbausgereifte Stecklinge Diese Stecklinge werden zum Ende des Sommers genommen, wenn die neuen Sprosse zu reifen anfangen und an der Basis holzig werden. Stecklinge sollten keine Blüten haben und 10 – 15 cm lang sein. Diese Art von Stecklingen gewinnt man vor allem von Stauden mit holzigen Stengeln. Trennen Sie einen Sproß knapp über einem Knoten der Mutterpflanze ab. Er sollte halb ausgereift, also an der Spitze noch weich und grün, an der Basis fest sein. Regen Sie durch eine „Wunde" die Bewurzelung an: Schneiden Sie ein 2,5 – 4 cm langes Stück Rinde von der Seite der Basis ab. An dieser Stelle bildet sich dann verstärkt Kallusgewebe. Entfernen Sie die Blätter wie bei Grünstecklingen (*Abb. 10b*) und tauchen jeden Steckling in ein Bewurzelungshormon. Halbausgereifte Stecklinge bewurzeln sich unter kälteren Bedingungen als Grünstecklinge, so daß Wärmezufuhr nicht erforderlich ist; sie gedeihen gut im Frühbeet oder im Gewächshaus.

Steckhölzer Einige laubabwerfende und immergrüne Sträucher lassen sich durch holzige Stecklinge vermehren – Steckhölzer aus vollausgereiften Trieben vom diesjährigen Holz. Sie werden während der Ruheperiode genommen.

Steckhölzer bewurzeln sich langsam, so daß sie für mindestens ein Jahr ungestört an einer Stelle im Garten verbleiben sollten. Nur wenige Pflanzen, wie etwa Rosen, eignen sich für diese Vermehrungsmethode (obwohl ich selbst bei Rosen größere Erfolge mit Stecklingen aus Stengelgliedern erzielt habe). Die Steckhölzer sollten etwa bleistiftdick und 30 – 45 cm lang sein. Man nimmt aber meist längere Abschnitte und schneidet dann die Spitze oberhalb eines Knotens schräg ab – der untere Teil wird kurz über einem Knoten gerade geschnitten. (Durch die unterschiedlichen Schnitte lassen sich auch besser der obere und untere Teil erkennen.)

Bereiten Sie eine Furche vor, etwa 20 cm tief, und füllen Sie diese mit einer 5 cm dicken Sandschicht auf, durch die das Kambium schneller aktiviert wird. Sie können ein Bewurzelungshormon benutzen, das aber stärker als bei anderen Vermehrungsmethoden sein muß. Die Stecklinge werden aufrecht in die Furche gesetzt, so tief, daß nur etwa 2,5 – 5 cm herausragen (*Abb. 10c*).

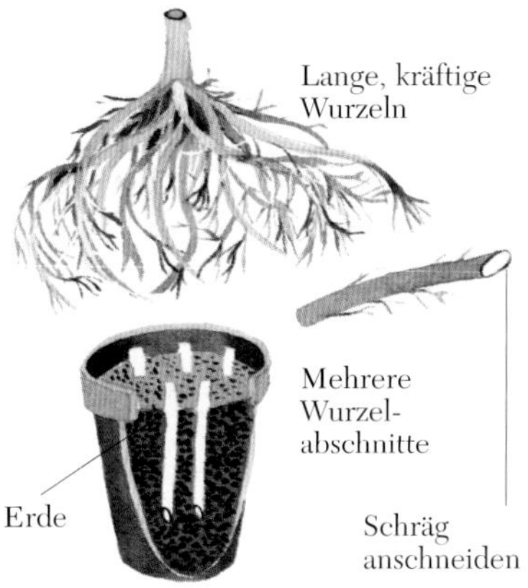

Abb. 11 Wurzelstecklinge

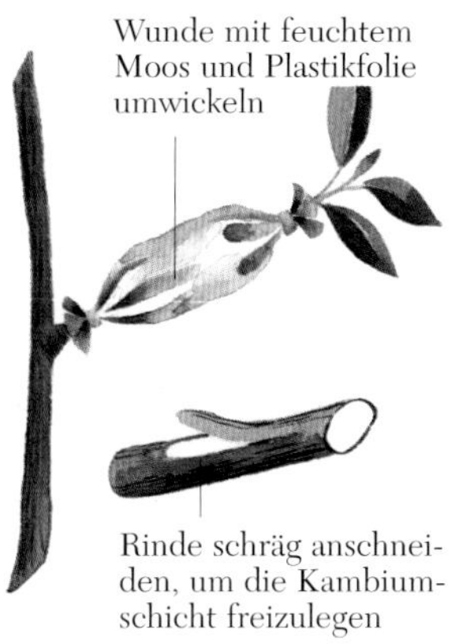

Abb. 12 Abmoosen

Basalstecklinge (Grundständige Stecklinge) Diese Stecklinge werden von den neuen Trieben genommen, die an der Basis von Stauden und Sträuchern im zeitigen Frühjahr erscheinen. Wenn die Basalstücke einige Zentimeter lang sind, werden sie kurz unter einem Blatt oder einer Achsel mit einem scharfen Messer abgetrennt. Die Enden werden in ein Bewurzelungshormon getaucht. Anschließend setzt man die Stecklinge in Töpfe oder Schalen mit lockerer Erde oder in ein Frühbeet.

Stecklinge aus Stengelgliedern Diese werden im Sommer aus neuen, kräftigen Seitentrieben gewonnen. Kürzen Sie den Trieb so, daß 2,5 cm ober- und unterhalb eines dicken Blattknotens verbleiben (*Abb. 10d*). Behandeln Sie diesen Steckling wie einen Grünsteckling, lassen Sie aber mindestens ein Blatt und eine Blattknospe am Stengel. Topfen Sie den Steckling so ein, daß der Knoten unterhalb der Erdoberfläche sitzt. An der Basis des Knotens entwickeln sich dann die Wurzeln.

Teilung Für diese Vermehrungsmethode wird die Pflanze während der Ruheperiode aus der Erde gehoben und dann geteilt – mit einem Spaten oder mit bloßen Händen. Mit zunehmendem Alter bilden viele Stauden kahle Stellen in der Horstmitte, wachsen aber weiterhin gut im Randbereich. Aus dem Rand werden auch die neuen Pflanzen gewonnen; wichtig ist dabei, daß mindestens zwei oder drei Vegetationspunkte vorhanden sind. Am einfachsten teilt man größere Horste mit zwei verkehrt aneinandergelegten Gabeln oder Spaten. Vor dem Neueinsetzen kann man sehr lange Wurzeln etwas zurückschneiden. Durch die Teilung erhält man dann nicht nur neue Pflanzen, sondern verjüngt gleichzeitig die Mutterpflanze.

wechselständig *gegenständig* *quirlständig*

Abb. 13 Blattstellungen

Wurzelschnittlinge Einige Pflanzen wie etwa Mohn werden durch Wurzelschnittlinge vermehrt. Diese gewinnt man zum Ende des Winters oder dann, wenn die Pflanze zur Teilung aus der Erde genommen wird. Man schneidet kräftige Wurzelstücke von 5 – 7,5 cm Länge. Das untere Ende der Wurzeln wird schräg angeschnitten, um erkennen zu können, mit welcher Seite die Wurzeln wieder in die Erde gepflanzt werden müssen (*Abb. 11*). Fleischige Stücke werden senkrecht in die Erde gesetzt, dünne Wurzeln waagerecht gelegt. Die Töpfe werden mit einer etwa 6 mm dicken Schicht aus Erde und Vermehrungssubstrat bedeckt und kühl aufbewahrt. Sobald neue Triebe entstehen, können die Pflanzen vereinzelt werden.

Ausläufer Eine einfache Methode der Vermehrung ist bei solchen Pflanzen möglich, die natürliche Ableger vom neuen Wachstum bilden, das an langen Trieben wächst. Steinbrechgewächse, Efeu, Erdbeeren und Minze gehören zu den Pflanzen, die Ausläufer, sogenannte Stolonen, entwickeln. Man muß die junge Pflanze, die sich am Ende eines Ausläufers bildet, nur in einen Topf mit Erde setzen –, sobald sich Wurzeln bilden, kann der Ausläufer abgetrennt und die Pflanze umgesetzt werden. Möchten Sie viele Ableger einer Pflanze gewinnen, können Sie die Ausläufer von der Mutterpflanze trennen, in eine Schale mit Erde setzen, abdecken und geschützt aufstellen.

Absenker Eine Vermehrung durch Absenker wird vor allem bei einigen holzigen Gewächsen wie Rhododendren, Azaleen, Gardenien und Bodendeckern vorgenommen, die flach unter der Erdoberfläche wurzeln. Wählen Sie einen Zweig, der sich leicht zu Boden biegt. An der Unterseite des Absenkers wird ein schräger Einschnitt gemacht; diese Stelle wird mit Bewurzelungspulver bestäubt und mit Draht oder einer Wäscheklammer in der Erde befestigt. Die Triebspitze wird an einem Stab befestigt. Ist der Absenker bewurzelt, kann er von der Mutterpflanze abgeschnitten und in einen Topf gesetzt werden.

Abmoosen Dem Absenken ähnlich ist das Abmoosen, nur daß die eingeritzte Rinde in feuchtes Sphagnummoos oder in Torf eingewickelt wird und sich dort – oberirdisch – die Wurzeln bilden; erst anschließend wird die junge Pflanze in Erde gesetzt. Wählen Sie einen aufrechtwachsenden, halbreifen Seitentrieb und schlitzen seine Rinde mit einem scharfen Messer zur Spitze hin etwas auf. An der Schnittstelle wird die Rinde leicht angehoben (*Abb. 12*). Benutzen Sie einen Zahnstocher oder ähnliches, um die Wunde mit einem Bewurzelungshormon behandeln zu können. Wickeln Sie diesen Teil des Zweiges in feuchtes Sphagnummoos und hüllen Sie die Stelle locker in Kunststoffolie. Beide Folienenden werden am Zweig festgebunden, so daß keine Feuchtigkeit verlorengehen kann. Die Mutterpflanze muß regelmäßig gewässert werden. Nach einigen Monaten können Sie die kleinen Wurzeln erkennen, die durch das Moos hindurch wachsen. Der Trieb wird durch einen Schnitt unterhalb der neuen Wurzeln von der Mutterpflanze getrennt. Die junge Pflanze kann eingetopft werden.

Das Blatt

Die Hauptaufgabe der Blätter besteht in der Nährstoffproduktion; sie sind das Verarbeitungszentrum der Pflanze und unentbehrlich für die Photosynthese. Dieser Prozeß läßt sich sehr stark vereinfacht als Produktion von Zucker und Sauerstoff aus Kohlendioxid und Wasser durch natürliches oder künstliches Licht beschreiben. Bei der Photosynthese absorbiert das Blatt Licht und Kohlendioxid aus der Atmosphäre und wandelt die-

Abb. 14 Blattstellungen

Blatt mit Blattstiel *ungestieltes Blatt* *zusammengesetztes Blatt*

(Gegenüber) Blätter sind nicht nur dekorativ, sondern erfüllen auch wichtige Aufgaben: Sie erhalten eine Pflanze am Leben und führen ihr Energie zu. Außerdem lassen sich viele Pflanzen über ihre Blätter vermehren.

Abb. 15 Ein Blatt im Querschnitt

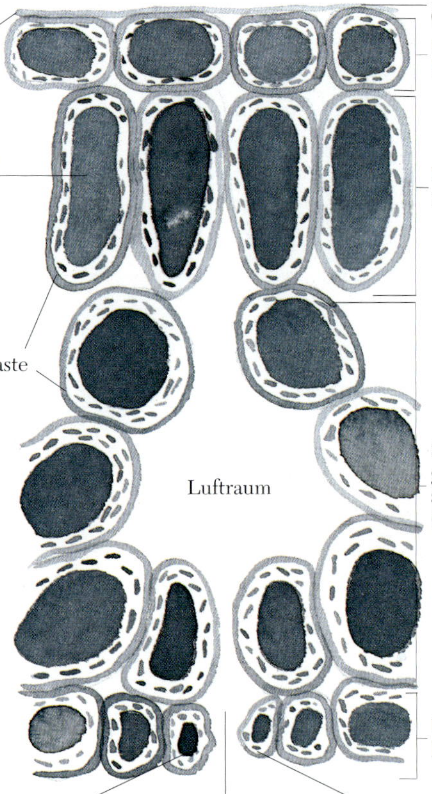

se in verschiedene Zucker wie Glukose um, wobei Sauerstoff als Nebenprodukt chemischer Prozesse frei wird. Die Blätter ermöglichen auch die Transpiration der Pflanze, wobei überschüssiges Wasser zum Kühlen ausgeschieden wird.

Abbildung 13 veranschaulicht die drei häufigsten Blattanordnungen. Wie ein Blattstiel mit dem Stengel der Pflanze verbunden ist, zeigt Abbildung 14. Die Blätter sind so gestaltet und angeordnet, daß die Pflanze die natürlichen Wachstumsvoraussetzungen optimal ausnutzen kann; viele tropische Pflanzen, die bei wenig Licht wachsen, haben große Blattoberflächen, um viel Licht aufnehmen zu können, mit wachsigen Häutchen, um einen Wasserverlust zu verringern; Pflanzen in heißen, trockenen Regionen verfügen meist über kleine Blätter mit öligen Drüsen zum Speichern der Feuchtigkeit.

Der detaillierte Blattaufbau zeigt die unterschiedlichen Zellschichten (*Abb. 15*). Die obere Ebene besteht aus dem Cutinhäutchen, der Kutikula, die das Blatt schützt. Darunter befindet sich die Epidermis (Oberhaut), die aus eng nebeneinander angeordneten Zellen besteht, jeweils in der Zellmitte befindet sich der Hohlraum (Vakuole) zur Wasserspeicherung. Ist die Pflanze kräftig, sind die Vakuolen gefüllt, so daß die Blätter gestützt werden. Darunter liegt die Palisadenschicht, eine ebenfalls enge Zellschicht mit Vakuolen in der Mitte, die aber nicht Wasser sondern Chloroplaste enthalten. Hier findet die Photosynthese überwiegend statt. Die Chloroplaste produzieren Kohlendioxid und bewegen sich durch die Palisadenschicht zur durchsichtigen Epidermis, um Licht zu sammeln. Sie enthalten auch die Farbpigmente für die Blätter. Die Mittelschicht ist die Lunge der Pflanze; sie atmet durch die Stomata (Spaltöffnungen) der unteren Epidermis-Schicht: Bei der Respiration gelangt Sauerstoff in die Stomata, und Kohlendioxid tritt aus. Auch auf der oberen Epidermis befinden sich einige Stomata. Die Schließzellen zu beiden Seiten reagieren ebenfalls auf Feuchtigkeit, sie öffnen und schließen die Stomata – bei Feuchtigkeit bleiben sie geöffnet, bei Hitze werden sie geschlossen. Das ist auch der Grund, weshalb gleichmäßig feuchte Luft das Wachstum fördert, denn die nährstoffproduzierenden Zellen in den Blättern werden weniger strapaziert, so daß sich die Wurzeln ungestört entwickeln können. Die Mittelader und die Seitenadern enthalten die Leitbündel und damit die für die Vermehrung erforderliche Kambiumschicht.

Blattstecklinge aus Blatteilen Stecklinge aus Blatteilen werden vor allem von der Drehfrucht, Sanseveria, Pelargonie sowie Weihnachtskaktus genommen. Dazu legt man ein Blatt mit der Unterseite nach oben und macht mit einem sterilen Messer kleine Einschnitte quer zu den Adern (*Abb. 16*). Das Blatt wird umgedreht und auf eine Schale mit feuchter Erde gelegt. Um sicherzustellen, daß es Kontakt zum Substrat hat, kann es mit Steinchen beschwert werden. Die Schale setzt man in einen beheizten Anzuchtkasten. In wenigen Wochen entwikkeln sich unten an den Schnittstellen Wurzeln und auf der Blattoberfläche kleine neue Pflänzchen.

Abb. 16 Stecklinge aus Blatteilen

Abb. 17 Stecklinge aus Blattstielen

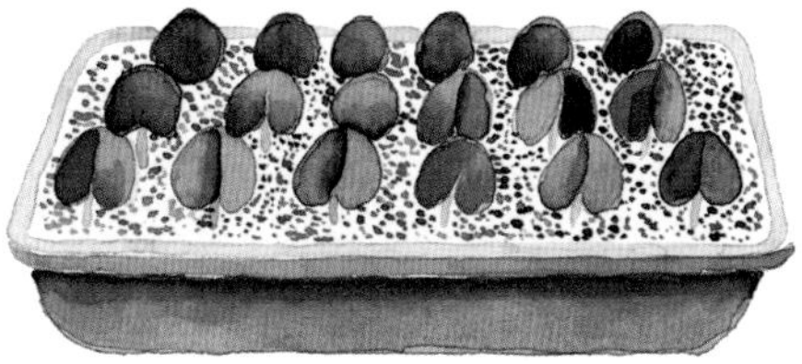

Abb. 18 Stecklinge aus Blattknospen

Man kann das Blatt auch in Stückchen schneiden; dabei muß jeweils die Hauptader durch die Mitte verlaufen. Abschnitte von Pelargonienblättern legt man flach auf das Substrat, während man Teile von Drehfruchtblättern aufrecht bis zur Hälfte in Erde steckt. Blätter von Gliederkakteen müssen nicht geteilt werden; man bricht einfach ein Glied ab und setzt es zur Hälfte in Erde.

Blattstielstecklinge Bei dieser Vermehrungsmethode wird ein Blattstiel und ein Teil des Blattes verwendet. Schneiden Sie ein Blatt mit einem etwa 2,5 cm langen Blattstiel. Setzen Sie dieses etwas schräg in die Erde – das Blatt sollte nicht das Substrat berühren (*Abb. 17*). Sie können mehrere Blätter in einen Topf oder eine Schale setzen. Wässern Sie das Substrat, fügen Sie einen Pilzvernichter hinzu und stellen Sie die Schale in einen Anzuchtkasten, nicht in direktes Sonnenlicht. Diese Art der Vermehrung eignet sich sehr gut für Alpenveilchen und viele andere Sukkulenten.

Blattknospenstecklinge Steht nicht sehr viel Vermehrungsmaterial zur Verfügung, bietet sich diese Methode an – z. B. bei Kamelien, Clematis oder Gummibäumen. Dazu wird ein ausgereiftes Blatt mit einer Blattknospe abgetrennt. Der Schnitt erfolgt kurz unter einem Blattknoten (*Abb. 18*). Die Schnittstelle wird mit einem Bewurzelungspuder behandelt; der Steckling wird dann in ein Substrat gesetzt und in einen Anzucht kasten gestellt.

Speicherorgane

Zwiebeln, Sproß- und Wurzelknollen sowie Rhizome sind ganz unterschiedliche Organe, die alle Wachstumselemente unterirdisch speichern. Bei Zwiebeln unterscheidet man Schuppenzwiebeln (wie Lilien) und Schalenzwiebeln (z. B. Osterglocken und Schneeglöckchen). Die Schuppen der Schuppenzwiebeln können direkt zur Vermehrung verwendet werden (*Abb. 19*). Man trennt einzelne Schuppen ab und setzt sie aufrecht in Schalen mit feuchter Erde. An der Basis jeder Schuppe entwickeln sich Brutzwiebeln (Bulben). Einige Lilienarten erzeugen auch oberirdische Brutzwiebeln in den Blattachsen. Man legt dann den Stengel mit den Bulben in eine Schale mit feuchter Erde. Sobald sich Wurzeln entwickeln, kann man die Zwiebeln abnehmen und umsetzen. Beim Aufnehmen von Blumenzwiebeln oder Knollen entdeckt man oft viele kleine Zwiebeln über den Wurzeln (*Abb. 20*). Diese kann man entfernen und in ein Frühbeet setzen, bis sie groß genug sind, um ausgepflanzt zu werden.

Abb. 19 Schuppenzwiebel

Abb. 20 Schalenzwiebel

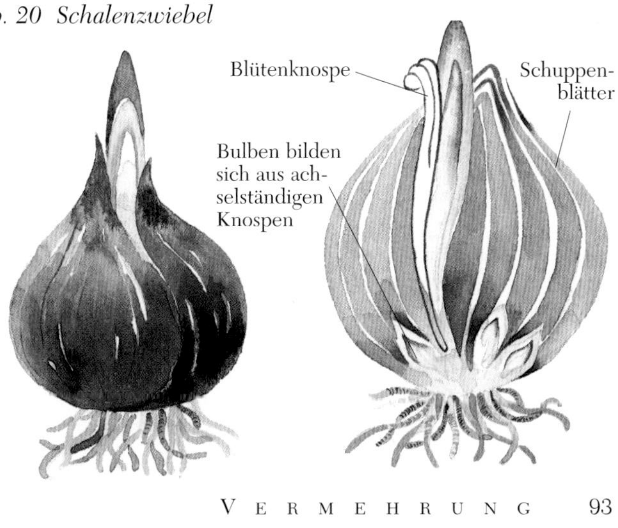

Das Pflanzenlexikon

Oft habe ich darauf hingewiesen, daß bei der Pflanzenauswahl unbedingt der Standort berücksichtigt werden sollte. Als ich mit dem Gärtnern begann, habe ich versucht, alles, was mir gefiel, auch anzupflanzen, ohne zu bedenken, ob ich auch die richtigen Voraussetzungen für ein gesundes Wachstum bieten konnte. Die Erfahrung, die ich aus unzähligen Verlusten manchmal sehr seltener Pflanzen gewonnen habe, hat mir gezeigt, welche Fehler man als enthusiastischer Gartenliebhaber besonders am Anfang machen kann. Deshalb werden in dieser Übersicht vor allem die Voraussetzungen bezüglich des Standorts erwähnt. Angaben zum Feuchtigkeitsgehalt des Bodens reichen von trocken, über wasserdurchlässig (ohne Staunässe zu erzeugen) bis zu wasserspeichernd, feucht und naß. Die Anforderungen an das Licht reichen von vollsonnig über halbschattig bis hin zu schattig. Die Kombination beider Aspekte bestimmt die Bodentemperatur: Eine trockene Erde in der Sonne ist meist wärmer als ein feuchtigkeitsspeichernder, von der Sonne bestrahlter Boden, weil die verdunstende Feuchtigkeit hier zumindest den Wurzelbereich etwas kühlt.

(Rechts) Die Hickorynuß (*Carya ovata*), liefert mit ihren leuchtendgelben Blättern einen bedeutenden Beitrag zur wunderschönen Herbstfärbung in den Neuenglandstaaten von Amerika; genauso auffallend wie das Herbstlaub sind die steifen, abstehenden Borkenschuppen älterer Bäume.
(Nächste Seite links) Kirschen wie *Prunus serrulata* 'Shirotae' verfärben sich ebenfalls im Herbst.
Die Beeren der Calla *Zantedeschia aethiopica* (übernächste Seite rechts) sorgen für Farbe, nachdem die Blüten längst vergangen sind.

Alle Bodenqualitäten lassen sich verbessern, aber nicht auf Dauer verändern. Aus diesem Grund verzichte ich beispielsweise bei meinem eher kalkhaltigen Boden auf Pflanzen, die sauren Boden bevorzugen – ich habe keine Lust, der Erde ständig Torf beimischen zu müssen.

Die Pflanzen sind im folgenden nach bestimmten Kriterien geordnet: nach Farbe und attraktivem Aussehen und dann als Einjährige und Stauden, Sträucher und Kletterer sowie Bäume gruppiert. Es war schwierig, eine Auswahl zu treffen – über die Jahre habe ich viele Pflanzen gesammelt, die immer noch meine ausgesprochenen Favoriten sind und deshalb auch in vielen von mir angelegten Gärten wiederzufinden sind. Einige der aufgeführten Pflanzen wurden von Freunden empfohlen, andere spielten für mich vor allem in der Vergangenheit eine Rolle und wieder andere entdecke ich erst jetzt.

Am liebsten hätte ich einen Garten im Südwesten der USA, wo ich eine Pflanzung voller Kakteen und Sukkulenten anlegen könnte, oder in Hobart, Tasmanien, so daß ich soviel heimische Pflanzen wie möglich sammeln könnte – wie die vielen Eukalyptussorten! Diese Vorstellungen haben einen gewissen Reiz – man kann immer wieder von seinen Lieblingspflanzen träumen. Vielleicht suchen Sie in diesem kleinen Lexikon vergeblich nach einigen Gewächsen (viele Koniferen beispielsweise habe ich ausgelassen, obwohl es bestimmt sehr schöne Exemplare gibt); statt dessen finden Sie eventuell andere, Ihnen noch unbekannte Pflanzen. Vor allem hoffe ich, daß diese Aufstellung dazu anregt, eigene Pflanzenlisten zusammenzustellen und im Garten nicht nur nach spektakulären Blüten Ausschau zu halten, sondern auch die große Vielfalt der Blattformen, Strukturen und Farben und die vielen Variationen von Rinden und Beeren zu schätzen.

Gelb, Orange, Rot & Purpur

Ein Gartenabschnitt, der mit dem Kriechenden Günsel *Ajuga reptans* 'Atropurpurea' bedeckt ist, wirkt wie ein großer Rotweinfleck; die Farbe kommt am besten im Halbschatten zur Geltung und bildet einen perfekten Hintergrund für Frühlingsblüher wie Traubenhyazinthen, Blausterne und Primeln. Wenn die Blüten verwelken, untermalt das purpurne Günsellaub die eigenen lila Blütenähren.

Halbschattige oder vollschattige Gartenbereiche können im Frühjahr durch den frischen hellgrünen Austrieb von Mädesüß (*Filipendula ulmaria* 'Aurea') aufgehellt werden.

Einjährige und Stauden

Ajuga reptans (Kriechender Günsel) Bodendecker mit glänzendgrünen, ovalen Blättern und lila Blütenähren im Frühsommer. 'Atropurpurea' hat dunkelrote, 'Catlin's Giant' braunrote Blätter. Die rosavioletten Blätter der Sorte 'Burgundy Glow' haben einen cremefarbenen Rand; 'Multicolor' hat bronzegrüne Blätter mit rosa-weißen Sprenkeln, 'Variegata' hellgrüne Blätter mit cremefarbenen Flecken. Vermehrung über Ausläufer. Wächst auf wasserspeicherndem Boden im Halbschatten.

Cordyline australis (Keulenlilie) Beliebte strukturgebende Pflanze, die oft als Solitärpflanze in Kübeln oder als „lebende Skulptur" in Rabatten anzutreffen ist. In kalten Regionen ist Winterschutz erforderlich. Immergrüne Staude in warmen Tönen: 'Sundance' in Gelb, 'Torbay Red' in Rot. Benötigt wasserdurchlässige Erde und einen sonnigen Standort.

***Filipendula ulmaria* 'Aurea'** (Mädesüß) Die auffälligste Vertreterin ihrer Art; die gefiederten Blätter sind goldgelb bis hellgrün. Ideal für eine schattige Ecke im Frühlingsgarten. Die Blätter werden dunkler, sobald im Sommer die Blüten erscheinen. Vermehrung durch Teilung. Eine winterharte, buschig wachsende Staude, die feuchten Boden im Halbschatten benötigt.

***Geranium sessiliflorum* 'Nigricans'** (Storchschnabel) Niedrige Sorte mit daumengroßen braunen Blättern, die im Sommer mit kleinen weißen Blüten überzogen ist. Sät sich selbst aus, so daß schnell große Kolonien entstehen, besonders auf Sandboden. Paßt gut zu Gräsern wie den bronzefarbenen Sorten

(Links) *Humulus lupulus* 'Aureus', der goldblättrige Hopfen, ist ein Kletterer, der schnell ein Spalier erklimmt. Er kann in Bäumen und Immergrünen wachsen, wuchert aber stark, so daß er ausgedünnt werden sollte, wenn die ersten Triebe zu klettern anfangen. (Rechts) Der schwarzblättrige Schlangenbart (*Ophiopogon planiscapus* 'Nigrescens') gehört zu den Pflanzen, die das ganze Jahr über für ungewöhnliche Farbe sorgen; sein kleiner Verwandter, *O. japonicus* 'Minor', bildet auf warmem, magerem Boden eine gute Alternative zu einer Rasenfläche; ideal auch als Wegbegrenzung.

von *Carex comans* oder blauer *Festuca glauca*. Vermehrung aus Stecklingen im Sommer. Eine Staude, die wasserdurchlässigen Boden in der Sonne bevorzugt und Trockenperioden toleriert.

***Houttuynia cordata* 'Chameleon'**
Ein hübscher kleiner Bodendecker für den Teichrand mit herzförmigen Blättern, die auffällig rote und cremefarbene Flecken haben. Die Farbintensität wird noch verstärkt, wenn die Pflanze täglich einige Stunden Sonnenlicht erhält. Wächst kräftig und kann schnell ein Sumpfufer bedecken. Im Sommer erscheinen kleine, weiße, sternförmige Blüten. Vermehrung durch Teilung im Frühjahr. Diese winterharte Staude wächst auf feuchtem Boden, in der Sonne wie auch im Halbschatten.

***Humulus lupulus* 'Aureus'** (Goldhopfen) Ein goldblättriger Hopfen, der bis zu 6 m lange Klettertriebe bildet. Die Blätter werden im Verlaufe des Sommers dunkler. Vermehrung durch Basalstecklinge oder durch Teilung. Diese Staude kommt mit jedem guten Boden zurecht und bevorzugt eine warme, geschützte Lage im Halbschatten.

***Lysimachia nummularia* 'Aurea'**
(Pfennigkraut) Robuster, immergrüner Bodendecker mit gelben Blättern. Vermehrung durch Teilung im Frühjahr. Liebt feuchten Boden im Halbschatten.

***Milium effusum* 'Aureum'** (Flattergras) Auffällige, kanariengelbe Halme, die etwa 5 – 10 mm breit und nach unten gebogen sind. Im Sommer erscheinen ähnlich gefärbte Stengel mit eleganten pyramidenförmigen Blütenrispen. Vermehrt sich über Rhizome und sät sich selbst aus; steht die Pflanze allein, bleibt sie sortenecht. Eine Grup-

(Links) Das Pfennigkraut (*Lysimachia nummularia* 'Aurea') bildet schnell eine dichte Decke aus kleinen Blättern, die beschnitten werden können. (Rechts) Der Neuseeländische Flachs (*Phormium tenax*) zeigt in seinen halmenähnlichen Blättern ein interessantes Farbenspiel; durch seine Größe ist er auch eine gute strukturgebende Pflanze.

pe wirkt in einer Waldbepflanzung wie ein heller Sonnenstrahl. Läßt sich auch durch Teilung vermehren. Bevorzugt einen feuchten Standort im Schatten.

***Ophiopogon planiscapus* 'Nigrescens'** (Schlangenbart) Grasähnliche Staude mit ungewöhnlichen, fast schwarzen, langen und sehr schlanken Blättern. Paßt gut zu blaublütigen Stauden und rostfarbenen Laubpflanzen. Vermehrung über kriechende Rhizome. Geeignet für Laub- oder Torfboden mit gutem Wasserabzug in der Sonne oder im Halbschatten.

***Origanum vulgare* 'Aureum'** (Dost) Die goldblättrige Form des Majorans. Ein kriechender Bodendecker, der einen leuchtendgelben Teppich aus winzigen runden Blättern bildet, die im Sommer durch hellviolette Blüten betont werden. Vermehrung durch Teilung. Diese Staude bevorzugt Boden mit gutem Wasserabzug in voller Sonne.

Perilla frutescens (Schwarznessel) Asiatische einjährige Nutzpflanze, die im Salat oder wie Spinat verwendet werden kann. Die dunklen violettschwarzen Blätter und Stiele passen gut in eine Rabatte. Die rauhe Oberfläche der glänzenden Blätter scheint Licht sehr stark zu reflektieren, ungewöhnlich bei so dunklem Laub. Eine frostempfindliche, einjährige Pflanze. Kann aus Samen unter Glas im zeitigen Frühjahr gezogen und nach dem Frost ausgepflanzt werden. Bevorzugt wasserdurchlässigen Boden in voller Sonne.

Phormium (Neuseeländischer Flachs) Die *Purpureum*-Sorten von *P. tenax* haben bronzeviolette, steife, schwertähnliche Blätter. Es gibt viele Kultivare in anderen Tönen (Rosa, Creme, Mauve)

Der Wunderbaum (*Ricinus communis* 'Gibsonii') ist ein echter „Star" unter den Laubpflanzen – wegen der großen Blätter und der auffälligen Farbgebung. In kälteren Regionen muß er unter Glas überwintern und kann dann nur im Sommer in einer „tropischen" Rabatte stehen, zusammen mit anderen Exoten. Die Pflanze ist giftig.

wie *P. cookianum* ssp. *hookeri* 'Cream Delight', 'Tricolor', *P. tenax* 'Variegatum' und *P.* 'Sundowner'. Vermehrung durch Teilung im Herbst oder Frühjahr. Diese winterharten Stauden benötigen wasserdurchlässige Erde in der Sonne oder im Halbschatten.

***Rheum palmatum* 'Atrosanguineum'** (Zierrhabarber) Winterharte Staude, die durch die großen, tiefgelappten und gesägten Blätter auffällt; diese sind anfangs burgunderrot, später smaragdgrün. Im Frühsommer erscheinen an langen Stengeln rosa Blütenähren. Sehr dekorativ am Teichrand. Vermehrung durch Teilung im Frühjahr. Gedeiht auf jedem Boden in der Sonne.

Ricinus communis (Wunderbaum) Imposante Pflanze mit riesigen, handförmigen Blättern mit gesägtem Rand. Die Adern wie auch die Stiele sind leuchtend rot. 'Gibsonii' ist eine kompakte Sorte mit bronzefarbenem Laub. Eine schnellwachsende Pflanze, die nur in sehr warmen Regionen mehrjährig ist. Ideal für eine tropische Rabatte. Giftig. Benötigt feuchten Boden in der Sonne.

Salvia officinalis 'Kew Gold' (Salbei) Gelbe Form des Salbeis, mit reingelbem Austrieb. Die Sorte 'Icterina' hat gelbpanaschierte Blätter. Vermehrung durch Stecklinge im Spätsommer. Winterharte Staude für gut wasserdurchlässigen Boden in der Sonne.

Rodgersia podophylla (Schaublatt) Bildet einen absoluten Blickpunkt am Teichrand, mit großen handförmigen, tief gezähnten, bronzefarbenen Blättern, die in Grün übergehen. Im Sommer erscheinen hohe Blütenstengel mit kleinen hellen Blüten. *R. sambucifolia* hat

(Im Uhrzeigersinn, links oben beginnend) Die großen Blätter des Schaublattes (*Rodgersia podophylla*) haben stark definierte Formen und bilden einen guten Kontrast zu feinem texturiertem Laub wie den hellroten Blättern des Japanischen Ahorns *Acer palmatum* 'Dissectum Atropurpureum', den mittelroten Blättern von *Acer palmatum* var. *heptalobum* 'Ozakazuki' und den dunkelroten Blättern der Berberitze *Berberis thunbergii* 'Red Pillar'.

zusammengesetzte, gefiederte Blätter in leuchtendem Grün, die mit zunehmendem Alter in Bronze übergehen. Vermehrung im Herbst durch Teilung der Rhizome. Winterharte Staude für frischen, kühlen Boden in der Sonne oder im Halbschatten.

Sträucher und Kletterer

Acer palmatum (Japanischer Ahorn)
Es gibt viele Kultivare und Varietäten innerhalb dieser Gruppe laubabwerfender Sträucher. *A. p.* 'Dissectum Atropurpureum' gehört zu den bekanntesten Ahornen. Er hat einen niedrigbreiten Wuchs und tief eingeschnittene, handförmige Blätter in dunklem Mahagoni. Das Laub von *A. p.* 'Dissectum Variegatum' ist rosa, creme und grün gesprenkelt. Die schönsten Farben bilden sich auf neutraler oder leicht saurer Erde aus. Der Standort sollte feucht und sonnig oder halbschattig sein.

Acer palmatum* var. *heptalobum
Zu dieser Varietät der Japanischen Ahorne gehören viele farbenprächtige Sträucher mit gelappten Blättern. Das Laub der Sorte 'Heptalobum Elegans' verändert sich von Rubinrot zu Rosa. 'Linearilobum Atropurpureum' hat kupferrote Blätter. Bevorzugt feuchten Boden in der Sonne oder im Halbschatten.

***Berberis thunbergii* 'Red Pillar'**
(Berberitze) Ein attraktiver Strauch mit dunkelvioletten Blättern, die im Herbst leuchtend rot werden. Vermehrung durch halbausgereifte Stecklinge. Schätzt gut wasserdurchlässigen Boden in der Sonne oder im Schatten.

***Cotinus* spp.** (Perückenstrauch)
C. coggygria 'Royal Purple' sowie

(Links) Der Perückenstrauch (*Cotinus coggygria*) hat viele Kultivare, alle in ausgeprägten Rot- oder Violettönen. Ein starker Rückschnitt nach der Blüte regt zu größeren Blättern an, unbeschnitten entwickelt er sich zu einem mittelhohen Strauch, der gut in eine gemischte Rabatte mit alten Strauchrosensorten paßt.

C. 'Flame' sind sehr interessante Sorten. 'Royal Purple' hat die dunkelste Laubfärbung. Die schönsten Farben entwikkeln sich an Pflanzen, die im Spätherbst oder Winter ausgeschnitten wurden. *C. obovatus* wird größer und färbt sich im Herbst von Pflaumenviolett bis zu Gold und Rostrot. Vermehrung durch halbausgereifte Stecklinge im Spätsommer. Geeignet für frischen Boden in der Sonne.

Gleditsia triacanthos (Lederhülsenbaum) Die Sorte 'Sunburst' hat hellgelb gefiederte Blätter, die allmählich in weiches Grün übergehen. Ein kleiner laubabwerfender Baum, der aber meist durch starken Rückschnitt im Winter als großer Strauch behandelt wird. Das Holz ist spröde; ein kräftiger Schnitt schränkt die Gefahr durch Windbruch ein. Bevorzugt gut wasserdurchlässigen Boden in voller Sonne; kann auch auf Kalkboden gedeihen und Trockenperioden überstehen.

Nandina domestica (Nandine) Halbimmergrüner, kleiner Strauch. Die Blätter sind im Frühling und Herbst rot und violett überhaucht. Vermehrung durch halbreife Stecklinge im Spätsommer. Erfordert einen geschützten Standort und durchlässigen Boden.

Bäume

***Catalpa bignonioides* 'Aurea'** (Trompetenbaum) Große herzförmige Blätter und riesige Blütenstände, aus denen sich 30 cm lange, bohnenähnliche Kapseln entwickeln. Die hellgrünen, leuchtenden Blätter (bis 20 cm lang und breit) unterstreichen die besondere Attraktivität dieses Baumes. Wächst auf jedem Boden in der Sonne.

(Mitte) Der goldblättrige Trompetenbaum (*Catalpa bignonioides* 'Aurea') ist ein beeindruckendes Solitärgehölz für einen großen Garten: Er trägt riesige Blütenrispen und auffällige, bohnenähnliche Kapseln sowie große einfache Blätter. (Rechts) *Nandina domestica* bildet einen dichten Busch mit rotüberhauchten Blättern, der gut zwischen Bäumen und höherwachsenden Sträuchern wirkt.

Cercis canadensis (Judasbaum) Eine Bereicherung im Frühjahr, besonders zusammen mit Osterglocken oder Blausternen. Die rosa Blüten erscheinen zwischen rosaüberzogenen, herzförmigen Blättern, die später grünlich werden. Das Laub von *C. c.* 'Forest Pansy' färbt sich im Herbst violett. Verströmt einen angenehmen Duft. Ein kleiner, laubabwerfender Baum, der feuchten, sauren Boden in der Sonne bevorzugt.

***Fagus sylvatica* 'Rohanii'** (Purpurbuche) Großer, laubabwerfender Baum mit tief zerteilten Blättern. Die Sorte *F. s.* 'Purpurea Pendula' (Trauerpurpurbuche) bietet rotviolettes Laub und einen schönen Hängewuchs. Für mein Empfinden sollte man Gewächse mit violetten Blättern nur sehr gezielt einsetzen, etwa als Kontrast zu helleren Blattfarben. Gedeiht auf jedem Boden an einem sonnigen Standort.

***Prunus cerasifera* 'Pissardii'** syn. *P. c.* 'Atropurpurea' (Kirschpflaume) Obwohl diese Sorte heller als die sehr dunkle 'Nigra' ist, wirkt sie leicht etwas bedrückend. In Kombination mit leuchtenden Rot- und Orangetönen wird dieser Eindruck aber abgemildert. Ein mittelgroßer, laubabwerfender Baum, der wasserdurchlässigen, kalkigen Boden in der Sonne liebt.

***Robinia pseudoacacia* 'Frisia'** (Robinie) Diese gelbblättrige Robinie hat stark gefiederte Blätter, wodurch der Baum sehr zart und elegant wirkt. Das Laub ist vom Frühjahr bis zum späten Herbst auffällig hell, ideal vor dunklem Hintergrund. Ein laubabwerfender, kleiner Baum mit vielen Stacheln. Wächst auf jedem Boden in der Sonne und toleriert auch Trockenheit.

Grün

Die glänzenden Blätter des Bärenklaus (*Acanthus mollis*) wurden seit jeher als architektonischer Schmuck eingesetzt; in einem Laubgarten gebührt ihm eine ganz besondere Stellung.

(Links) Die fedrigen Wedel des Frauenhaarfarns (*Adiantum pedatum*) wirken durch die schwarzen Stiele besonders grazil. Dieser Farn gedeiht auf jedem feuchten, humusreichen Boden im Schatten.
(Rechts) Das Tafelblatt (*Astilboides tabularis*) liebt ebenfalls feuchten Schatten; die Blätter sind weich, fast rund und nicht so zart; ideal als Bodendecker inmitten von schattenliebenden Frühlingsblühern.

Einjährige und Stauden

***Acanthus* spp.** (Bärenklau) Eine winterharte Staude, die in geschützter Lage fast immergrün ist. Große, lederartige Blätter und riesige Blütentriebe. Die mittelgrünen Blätter von *A. mollis* sind gelappt oder fiederspaltig. *A. spinosus* hat feine, lanzettliche, tief eingeschnittene Blätter mit weichen Dornen. Vermehrung durch Wurzelschnittlinge im Spätherbst bzw. Winter oder aber durch Samen. Für tiefgründigen Boden mit gutem Wasserabzug in der Sonne oder im Halbschatten geeignet.

Adiantum venustum (Frauenhaarfarn) Farn, der in milden Regionen an feuchten schattigen Standorten wild wächst. Die Wedel sind glänzend und zart. *A. pedatum* ist winterhart und bevorzugt sauren Boden im Halbschatten.

***Aruncus dioicus* 'Kneiffii'** (Waldgeißbart) Bildet große Horste mit sehr feinem Laub. Die langen, hellgrünen Blätter sind zweifach gefiedert mit ovalen Blättchen. Der Wuchs ist aufrecht. Im Sommer erscheinen viele weiße Blütchen an langen Blütenstielen. Vermehrung im Herbst durch Teilung. Bietet sich an für jeden leicht feuchten Boden in der Sonne oder im Halbschatten.

Asplenium scolopendrium syn. *Phyllitis scolopendrium* (Hirschzungenfarn) Immergrüner Farn mit langen Wedeln. Sehr viele Sorten mit unterschiedlichen Blattformen. Die *Crispum*-Gruppe hat attraktive, stark gewellte und oft sehr breite Wedel. Vermehrung durch Teilung im Frühjahr. Wächst auf feuchtem Laubmullboden im Halbschatten.

Astilboides tabularis (Tafelblatt) Winterharte Staude mit leuchtendgrü-

Das Mammutblatt (*Gunnera manicata*) mit seinen riesigen Blättern verleiht jedem Garten einen ganz besonderen Reiz. Es gedeiht am besten am Teichrand oder in humusreicher, feuchter Erde. Die Sorte *G. chilensis* ist weniger empfindlich, auch sie ist aber für eine dicke Mulchschicht im Winter dankbar.

nen, schirmförmigen Blättern. Vermehrung im Frühjahr durch Teilung. Benötigt feuchten Boden im Halbschatten.

Gunnera manicata (Mammutblatt) Die wohl imposanteste Staude für den Teichrand. Ihre Blätter werden bis zu 1,5 m breit und sitzen an bis zu 2,5 m langen Stielen. Die Pflanze ist nicht ganz winterhart und benötigt in kälteren Regionen im Winter eine dicke Schutzschicht. Die verwelkten Blätter kann man im Herbst über die Mitte falten und mit Stroh oder anderem Material abdecken. Vermehrung im Frühjahr durch Teilung. Liebt feuchten Boden in der Sonne oder im Halbschatten.

Lysichiton camtschatcensis*, *L. americanus (Scheincalla) Sumpf- oder Wasserpflanze mit weißen oder gelben Hochblättern, die um die unbedeutenden Blüten gehüllt sind. Die Hochblätter erscheinen im zeitigen Frühjahr, gefolgt von langen, groben Blättern mit glänzender Textur. Attraktive Pflanze für den Wassergarten. Vermehrung im Frühjahr durch Teilung. Winterharte Staude, die sehr nassen Boden in der Sonne oder im Halbschatten benötigt. Junge Pflanzen beider Arten brauchen Schutz vor Schnecken.

Matteuccia struthiopteris (Straußenfarn) Bildet einen aufrechten, blaßgrünen Trichter aus attraktiven Wedeln. Vermehrung durch Rhizomenteilung im Frühjahr. Die laubabwerfende Staude benötigt einen feuchten Boden im Halbschatten.

Musa basjoo*, *M. acuminata (Banane) Interessante, nicht winterharte Pflanzen mit sehr exotischer Ausstrahlung. Sie können gut in Kübeln gedeihen, die

Der Straußenfarn *(Matteuccia struthiopteris)* liebt feuchten Schatten oder Halbschatten – damit eignet er sich gut für einen Sumpfgarten, wo er stark wuchert. Am besten wirkt dieser Farn, wenn er an einer Stelle gepflanzt ist, die von der tiefstehenden Abendsonne beschienen wird.

aber bedingt durch die Größe der Pflanzen im Herbst schwer zu transportieren sind. *M. acuminata* hat weinrote Mitteladern und Stengel sowie lange, ovale Blätter. Sieht besonders gut auch zusammen mit Canna und kupferrotem *Ricinus communis (siehe S. 102)* aus. Diese Stauden brauchen einen sonnigen Standort, regelmäßiges Düngen während der Wachstumsperiode und tiefgründigen, frischen Boden mit sehr hohem Humusanteil.

Polystichum setiferum (Schildfarn) Ein immergrüner Farn mit langen, fedrigen Wedeln, die sich an den Spitzen leicht wellen. 'Divisilobum Densum' bildet mit feingeteilten Wedeln einen hohen, offenen Trichter. Die Blätter haben ein angenehm weiches Grün; die Mitteladern sind karamelbraun. Vermehrung durch Rhizomteilung oder Sporenaussaat. Gedeiht auf jedem feuchten Boden, bevorzugt aber sauren oder alkalischen Laubboden im Halbschatten.

***Stipa* spp.** (Federgras) Es gibt etwa 300 Sorten dieses beliebten Grases. Zu den schönsten gehören *S. arundinacea*, in Australien und Neuseeland heimisch, mit 1 m hohen Büscheln aus zart gebogenen Halmen, die sich in der leichtesten Brise wiegen. Die Halme verfärben sich im Spätherbst rostrot. Im Spätsommer erscheinen die losen, offenen Blütenrispen, die über dem Laub sehr leicht wirken. *S. gigantea* (das Riesenfedergras) mit 1,5 m hohen Blütenstielen über schmalen, grünen Halmen ist weit verbreitet und sehr beliebt. Es bildet bis zu 2,5 m hohe Horste. Die Samenstände werden langsam goldbraun und glitzern in der Sonne. *S. tenuissima* hat wohl das feinste Laub und die schön-

(Links) Die leuchtendgrünen Blätter der Zimmercalla (*Zantedeschia aethiopica* 'Crowborough') wirken besonders schön an einem Teich. Die Pflanze fühlt sich direkt im Wasser wohl, gedeiht aber auch auf jedem feuchten Boden. Diese Sorte ist winterhart; die Rhizome sollten aber vorsichtshalber durch eine Mulchschicht geschützt werden.

sten Blüten aller Gräser. Die Halme sind seidig glänzend. Die Samenstände nehmen allmählich einen satten Weizenton an. Die Pflanze wird nur 45 cm hoch und sieht gut zusammen mit zarten Blüten aus (etwa der Kamille *Anthemis* 'E. C. Buxton', wie im Garten von Beth Chatto). *Stipa pulcherrima* (Prachtfedergras) bildet kleine Büsche, die Blätter sind rauh, zäh und überhängend. Die Halme werden bis 1 m lang und haben kurze Ähren. Die langen Grannen sind am Grunde korkenzieherartig gedreht. Vermehrung im Frühjahr durch Teilung oder durch Samen im Herbst. Erfordert wasserdurchlässige Erde (trockenen Sand- oder Kalkboden) in der Sonne. Stirbt auf feuchtem schwerem Boden ab.

Veratrum nigrum (Germer) Eine winterharte Staude mit seltsamen Faltungen am jungen Laub. Bildet aufrechte Blütenstengel, an denen ungewöhnliche schokoladenbraune Blüten sitzen, die einen unangenehmen Duft verströmen. Nachdem die breiten Blätter sich im Sommer „entfaltet" haben, treten die Adern stark hervor. Eine Pflanze für den Gehölzrand. Hat einen kurzen, kräftigen Wurzelstock mit bis zu 130 cm langen Stengeln. Die Blätter sind beidseitig kahl. Vermehrung durch Teilung im Frühjahr oder durch Selbstaussaat; die kleinen Sämlinge brauchen allerdings einige Jahre, bis sie verpflanzt werden können. Benötigt guten, feuchten Boden im Halbschatten.

***Zantedeschia aethiopica* 'Crowborough'** (Zimmercalla) Fast winterharte Sorte mit grünglänzenden, pfeilförmigen Blättern. Vermehrung durch Ableger im Winter. Bevorzugt feuchten Boden in der Sonne oder im Halbschatten.

(Mitte) Das immergrüne Efeu gehört zu den beliebtesten Gartenpflanzen. *Hedera helix* 'Green Ripple' mit hellen Adern ist eine besonders schöne grünblättrige Sorte, die als Bodendecker unter Bäumen oder als Kletterpflanze verwendet werden kann. (Rechts) Die Stechpalme *Ilex cornuta* 'Burfordii' hat glänzende kleine Blätter, mit nur einem Stachel an der Blattspitze – etwas ungefährlicher und damit kinderfreundlicher als die meisten *Ilex*-Sorten.

Sträucher und Kletterer

Eriobotrya japonica (Japanische Mispel) Laubabwerfender Strauch mit gelben, birnenförmigen Früchten. Es kommt nicht immer zur Fruchtbildung, da die Pflanze nur in heißen Sommern blüht. Die spitzen Blätter machen diesen Strauch aber ebenfalls attraktiv, der am besten vor einer Mauer gedeiht. Vermehrung aus Stecklingen im Sommer. Wächst auf sonnigem Boden.

Hedera helix (Efeu) Die Blätter der Sorte 'Green Ripple' haben auffällig helle Adern. 'Conglomerata' gehört zu den Sorten mit den kleinsten Blättern und aufrechtem Wuchs. Vermehrung durch Stecklinge im Spätsommer. Gedeiht auf jedem guten, feuchten Boden, in der Sonne oder auch im Halbschatten. Einige Sorten tolerieren auch tiefen Schatten.

Hydrangea sargentiana (Hortensie) Blätter, Zweige und Blütenstände dieser nicht ganz winterharten Hortensie sind mit flaumigen Härchen bedeckt, wodurch die ganze Pflanze sehr weich wirkt. Entwickelt sich zu einem großen Strauch und bevorzugt einen geschützten Standort (am besten vor einer warmen Mauer) im Halbschatten auf feuchtigkeitsspeicherndem Boden.

***Ilex* spp.** (Stechpalme) Unter den immergrünen Sträuchern sind die Stechpalmen mit ihren lichtreflektierenden, glänzenden Blättern ein Blickfang. Je nach Sorte sind die Beeren dunkelrot bis leuchtendgelb. Um Beerenschmuck zu erhalten, sind eine weibliche und eine männliche Pflanze erforderlich. Es gibt Dutzende von Sorten wie *I. cornuta* 'Burfordii', ein dichter, kompakter

(Oben) *Magnolia grandiflora* mit ihren fleischigen Blüten und großen, ledrigen Blättern wird oft als Solitärpflanze in formalen, italienischen Gärten verwendet. (Gegenüber) Es gibt wohl kaum einen Baum, der spektakulärer im Wuchs ist als die Echte Zypresse (*Cupressus sempervirens*). Sie bildet in klassischen Renaissance-Gärten das stärkste vertikale Element und ist auch heute vielfach anzutreffen, wie hier in Südfrankreich.

weiblicher Busch mit stacheligen Blättern oder *I. aquifolium* 'Green Pillar', schmal aufrechtwachsend, weiblich, mit dunkelgrünen, stacheligen Blättern. 'Myrtifolia', ein männlicher Strauch, hat kleine grüne Blätter und unterschiedlich große Stacheln. 'Pyramidalis' trägt grüne Zweige und leuchtendgrüne, wenig stachelige Blätter. Vermehrung durch Stecklinge im Spätsommer. Gedeiht auf jedem Boden in der Sonne oder im Schatten.

Magnolia grandiflora (Großblütige Magnolie) Beliebt wegen der riesigen, cremeweißen, wachsigen Blüten mit starkem Duft. Dieses große Gehölz hat immergrüne Blätter, die fast genauso beeindruckend wie die Blüten sind. Die Blätter sind sehr groß, glänzend und oval (oft mit rotbraunem Schimmer), ein perfekter Hintergrund für die weißen Blüten. In wärmeren Regionen wächst diese Magnolie zu einem stattlichen Baum heran, in kälteren Gebieten sollte sie eher als Strauch vor einer warmen Wand gehalten werden. 'Undulata' hat Blätter mit betonten Adern, oben glänzend grün und unten mattgrün. Benötigt gute, wasserdurchlässige Erde in der Sonne und toleriert sogar kalkhaltigen Boden, vorausgesetzt, er ist lehmig.

Bäume

***Alnus glutinosa* 'Imperialis'** (Schwarzerle) Ein mittelgroßer, laubabwerfender Baum mit gezähnten, birnenförmigen, dunkelgrünen Blättern. Durch leichten Schnitt erhält man einen kompakteren Wuchs. Gelbe Kätzchen im Frühjahr und eiförmige Früchte im Herbst sind ein zusätzlicher Bonus. Gedeiht auf jedem Boden in der Sonne oder im Halbschatten.

Durch empfindliche Exoten kann man auch in unseren Regionen die Laubvielfalt erheblich vergrößern. (Links) Der Baumfarn (*Dicksonia antarctica*) gehört zu diesen Pflanzen, der durch seine Höhe, seinen merkwürdigen Stamm und die großen Wedel einen urwaldähnlichen Eindruck erzeugt. (Rechts) Die Feige (*Ficus carica*) mit ihren würzig duftenden, ledrigen Blättern läßt Erinnerungen an heiße, mediterrane Sommer aufkommen.

Azara microphylla Immergrüner recht großer Strauch mit runden, dunkelgrünen Blättchen, die paarweise entlang der bogigen Zweige angeordnet sind. Gedeiht am besten vor einer warmen Mauer und benötigt in kalten Regionen einen Winterschutz. Im sehr zeitigen Frühjahr erscheinen winzige Blüten in den Blattachseln, die sehr stark nach Vanille duften. Gedeiht auf jedem Boden in der Sonne oder im Halbschatten.

Cupressus sempervirens (Echte Zypresse) Sehr hohes (bis 10 m), säulenförmiges Nadelgehölz. Die Nadeln sind dunkelgrün, dick und dicht. Die männlichen Blüten sind endständig und grünlich. In kalten Regionen nicht ganz winterhart, die Zypresse kann in jungen Jahren aber gut im Kübel gedeihen. Wird unter idealen Bedingungen sehr alt und verkahlt an der Basis. Bevorzugt wasserdurchlässigen Boden und einen sonnigen Standort.

Dicksonia antarctica (Baumfarn) Der riesige australische Farn, der in seiner Heimat bis zu 10 m hoch werden kann, verleiht jedem Garten einen ausgesprochen exotischen Reiz. Er ist nicht ganz winterhart und benötigt deshalb in kälteren Regionen eine schützende, dicke Mulchschicht. Die tief geteilten, immergrünen Wedel entwickeln sich aus der Spitze des dicken Stamms, der mit faserigen Härchen bedeckt ist. Wenn die Wedel welken, biegen sie sich nach unten und hüllen den Stamm ein, so daß die Pflanze vor Austrocknung und Kälte etwas geschützt wird. In längeren Trockenperioden muß der Farn aber trotzdem regelmäßig besprüht werden. Bevorzugt einen feuchten Laubboden in schattiger Lage.

(Links) Die bodendeckenden, immergrünen Zweige des Wacholders *Juniperus communis* 'Repanda' dienen als „lebende" Mulchschicht in einem Waldgarten; diese Sorte ist sehr beliebt und in vielen Gärten zu sehen. (Rechts) Die Portugiesische Lorbeerkirsche (*Prunus lusitanica*) ist ebenfalls weit verbreitet; ihre roten Blattstiele und kleinen, leicht welligen Blätter sehen gefälliger aus als die der grober wirkenden Lorbeerkirsche *P. laurocerasus*.

***Fagus sylvatica* 'Aspleniifolia'** (Rotbuche) Ausdrucksvoller als die gewöhnliche Rotbuche mit rundlichem Wuchs und herrlicher Herbstfärbung. Die tief eingeschnittenen Blätter machen den Baum so attraktiv. Wächst auf jedem Boden in der Sonne.

Ficus carica (Feige) Laubabwerfende Pflanze, oft vor einer Mauer gepflanzt, so, daß ihr Wachstum durch verminderte Wurzelausbildung kontrolliert wird (ich hatte mit dieser Methode allerdings wenig Erfolg). Sieht aber auch schön zusammen mit anderen Gehölzen aus. Wird die Feige etwas beschnitten, erhält man eine wesentlich kompaktere Wuchsform. Die großen ledrigen, tief gelappten Blätter haben einen aparten Duft. Die Früchte sind grünlichbraun. Die gebogenen Zweige entwickeln Wurzeln, sobald sie den Boden berühren. Vermehrung aus halbausgereiften Stecklingen ist ebenfalls möglich. Bevorzugt wasserdurchlässigen, sonnigen Boden.

***Juniperus* spp. und Kultivare** (Wacholder) Immergrüne verleihen jedem Garten Struktur – diese Aufgabe erfüllen auch die vielen Wacholderarten, von hochwachsenden Bäumen bis zu Sträuchern oder kleinbleibenden Sorten für den Steingarten. Allgemein gilt, daß es sich um langsam wachsende Gehölze handelt, ausgenommen der sehr stark verbreitete *J. scopulorum* 'Skyrocket', der zuerst eine konische Form hat, allmählich aber breiter und offener wird. Bleibende konische Formen bilden einige Kultivare von *J. communis* wie 'Hibernica', *suecica* und die Zwergform 'Compressa'; *J. chinensis* 'Columnaris Glauca' wächst zu einem säulenförmigen Baum heran. Niedrige und besonders breite Formen bildet

Die immergrüne Eibe (*Taxus baccata*) wird schon seit jeher in Gärten verwendet. Da sich die Eibe gut schneiden läßt, war und ist sie für Formschnitte sehr beliebt. Die hier gezeigten hohen Sträucher sind so geschnitten, daß sie sich zur Spitze hin verjüngen. Sie stehen zusammen mit vielen weiteren Exemplaren in den Gärten von Dartington Hall in Südwestengland.

J. communis 'Hornibrookii', ein Bodendecker, der sich nur langsam ausbreitet. *J.* x *media* 'Pfitzeriana' formt einen breitkronigen Strauch. *J. recurva* var. *coxii* (leider nicht ganz winterhart) und *J. sabina* 'Tamariscifolia' fallen durch elegant gebogene Zweige auf. Wacholder lieben kalkigen Boden, gedeihen aber gut auf jeder wasserdurchlässigen Erde in der Sonne oder auch im Halbschatten.

Prunus lusitanica (Portugiesische Lorbeerkirsche) Ein strauchförmiger, immergrüner Strauch, der als Heckenpflanze oder auf Stämmchen gezogen als Alternative zum Lorbeer (*Laurus nobilis*) verwendet werden kann. Die Blätter sind dunkelgrün und stark glänzend. Die Blattstiele sind rot, wodurch die Pflanze sehr interessant wirkt. Bevorzugt wasserdurchlässigen Boden in der Sonne oder im Halbschatten.

***Quercus castaneifolia* 'Greenspire'** (Kastanienblättrige Eiche) Eine Eiche mit säulenförmigem Wuchs und glänzend grünen, gesägten Blättern. Ein Baum, der zwar nicht immergrün ist, seine Blätter aber erst im Frühjahr verliert. Wirklich immergrün ist *Q. ilex*, die Steineiche, die oft in Italien anzutreffen ist. Kann sich zu einem großen Baum mit breiter Krone entwickeln oder in Form geschnitten bzw. als Heckenpflanze verwendet werden. Die Blätter sind glänzend dunkelgrün mit silbrigbläulicher Unterseite, so daß die Eiche dunkelgrau wirkt. Bevorzugt gutdurchlüfteten Boden in der Sonne, toleriert aber auch Schatten.

***Taxus* spp.** (Eibe) Gehört zu den ältesten immergrünen Kulturpflanzen. Die Eibe spielte vielfach eine mystische

Die Hanfpalme (*Trachycarpus fortunei*) gehört zu den exotischen Pflanzen, die für Gartenliebhaber in kälteren Regionen eine ganz besondere Attraktivität haben. Ist diese Palme gesund und kräftig, verträgt sie sogar etwas Frost. Die Wedel sind ausgesprochen dekorativ. Als Solitärpflanze kann diese Palme eine Gartengestaltung entscheidend prägen; durch einen Scheinwerfer bestrahlt, verwandelt sie den Garten nachts in ein kleines Tropenparadies.

Rolle. Ein sehr dankbarer Baum oder Strauch, der sich besonders gut für eine Hintergrundhecke eignet. Das dichte, dunkle Grün der Gemeinen Eibe, *T. baccata*, betont die leuchtenden Farben vieler Gewächse wie kaum eine andere Pflanze, zusätzlich trägt sie leuchtendrote Früchte. *T. b.* 'Fastigiata' (Säuleneibe) wächst säulenförmig, dicht verzweigt mit dunkelgrünem Laub. Sie wird oft als vertikales Gestaltungselement verwendet. Mit zunehmendem Alter wird sie aber eher birnenförmig, so daß ein guter Schnitt erforderlich ist, um die schlanke Form zu wahren.

T. b. 'Dovastoniana' wächst aufrecht mit quirligen, waagerecht abstehenden Ästen, deren Spitzen herabhängen. *T. b.* 'Lutea' besticht durch gelbe Beeren am dunklen Laub. Heckenpflanzen werden oft aus Samen gezogen; die Pflanzen können dann aber sehr unterschiedlich ausfallen. Besser ist es, im Sommer Stecklinge zu nehmen. Eiben wachsen auf jedem Boden in der Sonne oder im Halbschatten. Die Pflanze ist stark giftig; da die Beeren aber für Kinder sehr attraktiv sind, sollte man genau überlegen, wo Eiben gefahrlos angepflanzt werden können.

Trachycarpus fortunei (Hanfpalme)
Sehr exotisch aussehender kleiner, immergrüner Baum. Der Stamm ist mit langen Bastfasern bedeckt. Die interessanten Blätter sind handförmig und gefiedert, in glänzendem Grün und erreichen einen Durchmesser von 90 cm. Aus den kleinen, gelben, stark duftenden Blüten entwickeln sich blauschwarze Früchte. Diese Palme kann etwas Frost aber keine längeren Frostperioden überstehen, sie benötigt deshalb einen Winterschutz. Die Hanfpalme bevorzugt einen wasserdurchlässigen Boden in der Sonne.

Graugrün

Jedes graue Blatt der Agave (*Agave parryi*) ist an der Spitze mit einem kleinen schwarzen Stachel versehen und von einem dunkelbraunen Rand umgeben, wodurch die ausgeprägte Rosettenform noch betont wird.

(Links) Im zeitigen Frühjahr gehören die jungen Triebe des Wermuts *Artemisia ludoviciana* 'Silver Queen' zu den Glanzpunkten im Garten; er bildet einen weißschimmernden Teppich zwischen leuchtenden Frühlingsblühern und anderen silbrigen Blättern wie denen der Zierartischocke (*Cynara cardunculus*).

Einjährige und Stauden

***Agave* spp.** (Agave) *A. americana* ist eine sehr attraktive, immergrüne Sukkulente, die bei ausreichend Sonne eine enorme Höhe erreichen kann. Diese Pflanze ist seit ihrer Einführung in Europa in vielen Gärten beliebt. Meist wird sie bei uns in Kübeln gehalten, in tropischen Gartenanlagen kann sie aber auch ausgepflanzt werden. Es gibt drei mehrfarbige Formen: 'Marginata', 'Mediopicta' und 'Variegata'. *A. parryi* ist auf der gegenüberliegenden Seite abgebildet. Vermehrung durch Ableger. Sie bevorzugt wasserdurchlässigen, warmen Boden in der Sonne.

***Artemisia ludoviciana* 'Silver Queen'** (Beifuß, Wermut) Eine winterharte Staude mit grauweißen, lanzettlichen Blättern. Breitet sich durch kriechende Rhizome aus. Vermehrung durch Teilung im Frühjahr oder Herbst. Ein guter Bodendecker für wasserdurchlässigen Boden in der Sonne.

Athyrium niponicum* var. *pictum (Japanischer Regenbogenfarn) Eine besonders attraktive Sorte der Frauenhaarfarne, deren hellgraue Wedel mit blasserem Mittelband und purpurrosaner Mittelrippe gezeichnet sind. Laubabwerfende Pflanze mit locker zusammenstehenden Wedeln. Nicht ganz winterharter Wurzelstock. Vermehrung durch Teilung im Frühjahr. Der Farn bevorzugt feuchten Boden im Schatten.

Cynara cardunculus (Zierartischocke) Eine enge Verwandte der Gemüseartischocke. Unter den graublättrigen Pflanzen gehört diese zu den ausdrucksstärksten. Sie kann an einem sonnigen und nährstoffreichen Standort

Graublättrige Pflanzen haben oft sehr interessante Oberflächen: (Links) die Fetthenne (*Sedum spectabile* 'Autumn Joy') bildet enge Rosetten aus leicht gewellten, fleischigen Blättern, (rechts) die weichen, samtig behaarten Blätter des Wollziests (*Stachys byzantina*) sehen besonders schön mit frühblühenden Sträuchern und Stauden aus.

eine Höhe von 2 m erreichen. Die Blätter werden teilweise 90 cm lang. Sehr schön im Frühsommer zusammen mit Alten Rosen oder als Blickpunkt in einer Rabatte. Im Spätsommer erscheinen die hohen Blütenstengel mit den für Artischocken typischen Blüten und mauvefarbenen Stacheln. Auch auf den Blättern erscheinen manchmal sehr lange und gefährliche Stacheln. Vermehrung durch Ableger im Frühjahr. Benötigt wasserdurchlässigen Boden und Sonne. Der Wurzelbereich sollte in kälteren Regionen im Winter geschützt werden.

Helleborus x sternii (Lenzrose, Nieswurz) Die ledrigen, fußförmigen Blätter der Lenzrose sind immergrün und bilden einen schönen Hintergrund für später blühende Pflanzen. Diese Form hat große, offene Blattwedel; das einzelne hellgrüne Blatt ist mit silbrigen Venen überzogen, wodurch das Laub einen Silberschimmer erhält. Benötigt einen Boden mit gutem Wasserabzug in der Sonne oder im Halbschatten.

Lychnis coronaria (Vexiernelke) Eine alte Bauerngartenblume, winterhart, besonders beliebt wegen der purpurrosa Blüten, die im Hochsommer erscheinen. Im Frühjahr und Frühsommer ist die Staude ebenfalls interessant; dann kommen die silbergrauen, schmalen und behaarten Blätter zur Geltung. Wird etwa 45 cm hoch. Vermehrung durch Samen. Bevorzugt einen sonnigen Standort und gedeiht auf jedem Boden.

***Sedum* spp.** *S. spectabile* (Fetthenne) Die bekannteste *Sedum*-Art; bildet dichte Horste mit ovalen, fleischigen Blättern. Im Hochsommer erscheinen die hohen Blütenstengel. 'Autumn Joy' hat das typisch graugrüne Laub. *S. cau-*

(Links) Die lanzettlichen Blätter der Ölweide (*Elaeagnus angustifolia*) sind silbriggrau, die Blattstengel wirken wie in Bronze getaucht, und die duftenden Blütchen erinnern ein wenig an Bernsteinperlen. Die Ölweide ist ein weitverbreiteter Strauch für Schutzpflanzungen, besonders in Küstennähe. (Rechts) Der empfindliche Honigstrauch (*Melianthus major*) ist eine sehr ausdrucksstarke Pflanze, gut geeignet für einen Kübelgarten.

casicum hat ebenfalls graugrüne Blätter, deren Formen an Austernschalen erinnern. *S. ruprechtii* hat ähnliche, feiner ausgeprägte Blätter, die sich zum Ende des Sommers rötlichviolett färben. Vermehrung durch Teilung im Herbst. Bevorzugt trockenen Boden in der Sonne.

Stachys byzantina (Wollziest) Nicht ganz winterharte Staude mit wollig behaarten, grauen Blättern. 'Silver Carpet' ist eine nicht blühende Sorte. Vermehrung durch Teilung. Für nährstoffreichen Boden mit gutem Wasserabzug in der Sonne oder im Halbschatten.

Verbascum olympicum (Königskerze) Kurzlebige Staude, die als Zweijährige behandelt wird. Bildet Rosetten aus samtigen silbriggrünen Blättern. *V. bombyciferum* ist etwas heller. Vermehrung aus Samen im Sommer, blüht im folgenden Jahr. Bevorzugt einen Boden mit gutem Wasserabzug in der Sonne.

Sträucher und Kletterer

Elaeagnus angustifolia (Schmalblättrige Ölweide) Laubabwerfender kleiner Baum oder Strauch mit bedornten Ästen. Blätter lanzettlich, silbergrün, unterseits behaart. Vermehrung durch halbreife Stecklinge. Bevorzugt wasserdurchlässige Erde in der Sonne.

Melianthus major (Honigstrauch) Die großen blaugrünen Blätter verströmen bei Berührung einen seltsamen Geruch nach verbrannter Schokolade. Nicht winterhart, muß also in kälteren Regionen im Haus überwintern. Im Sommer erscheinen blutrote Blüten. Noch beeindruckender ist aber das ungewöhnliche Laub. Vermehrung durch Basalstecklinge im Spätsommer. Bevorzugt nährstoffreichen Boden in voller Sonne.

(Oben) Die Sicheltanne (*Cryptomeria japonica* 'Globosa Nana') gehört zu den vielen immergrünen Sorten dieser Gattung, die im Herbst wunderschöne Violett-, Bronze- und Rottöne hervorbringt.
(Unten) Die Stechfichte (*Picea pungens* 'Koster Prostrate') zeigt ein gleichmäßiges Blaugrau. Die steifen, fingerähnlichen Zweige verleihen dem Strauch ein „bestechendes" Aussehen.

Perovskia atriplicifolia (Silberstrauch) Eine der schönsten grausilbrigen Stauden bzw. Halbsträucher für den Spätsommergarten. Laubabwerfendes Gehölz mit silbrigweißen Stengeln, die mit blauen Blütchen bedeckt sind. 'Blue Spire' und die lavendelfarbige 'Superba' sind besonders gute Kultivare. Sie duften nach Salbei, ein wenig aber auch nach Mottenkugeln. Vermehrung durch halbreife Stecklinge im Sommer. Gedeiht auf jedem trockenen Boden in der Sonne.

Rosa rubrifolia (Wildrose) Beliebt wegen der bogenförmigen Zweige und kupfervioletten Blätter, durch die die einfachen, blaßrosa Blüten gut zur Wirkung kommen. Nach den Blüten erscheinen Büschel mit rubinroten Hagebutten. Sät sich selbst aus, kann aber auch durch halbreife Stecklinge im Sommer vermehrt werden. Wächst zu einem mittelgroßen Strauch heran, der auf jedem sonnigen Boden gedeiht.

Salix lanata (Wollweide) Breitwüchsiger Strauch mit wolligen Knospen und Ästen. Die Blätter sind oval und dunkelgrün, die Unterseite ist seidig behaart. Hübsch sind die im Frühling erscheinenden raupenförmigen Kätzchen. Bewurzelt leicht aus Stecklingen, die im Spätsommer genommen werden. Schätzt feuchten Boden in der Sonne.

***Salvia officinalis* 'Crispa'** (Salbei) Die Blätter haben gekräuselte Ränder, die sich einrollen und wellen. Niedriger, rundlicher Wuchs. *S. o.* 'Purpurascens' (violettblättriger Salbei) hat einen purpurnen Überzug an graugrünen Blättern. Vermehrung durch Stecklinge im Herbst. Immergrüner Strauch für wasserabziehenden Boden in voller Sonne.

(Unten) Die Hängeform der Zierbirne *Pyrus salicifolia*. (Oben) Auch die nach unten wachsenden Nadeln der Himalaja-Tränenkiefer (*Pinus wallichiana*) unterstützen den hängenden Wuchs dieses eleganten, immergrünen Baums.

***Thymus* spp. und Kultivare** (Thymian) Duftende, überwiegend winterharte Bodendecker. Die winzigen Blätter von *T. pseudolanuginosus* sind mit silbrigen Härchen bedeckt. Nach der Blüte sollte die Pflanze beschnitten werden, um ihre dichte Form zu erhalten. Vermehrung durch Wurzelstecklinge im Herbst. Bevorzugt durchlässigen, sonnigen Boden.

Bäume

***Cryptomeria japonica* 'Globosa Nana'** (Sicheltanne) Kleiner, immergrüner Baum mit rundlichem Wuchs. Die Nadeln nehmen im Winter einen Bronzeton an. Vermehrung durch halbreife Stecklinge. Für durchlässige Erde in der Sonne oder im Halbschatten.

Picea pungens glauca (Stechfichte) Immergrüner, kleiner Baum mit gefälliger konischer Wuchsform und gleichmäßig angeordneten Zweigen. Braucht viel Platz, um seine ganze Schönheit zeigen zu können. 'Koster' oder 'Koster Prostrate' sind kleinwüchsiger mit derselben Blaufärbung. Liebt wasserdurchlässigen Boden in der Sonne oder im Halbschatten.

Pinus wallichiana (Himalaja-Tränenkiefer) Großer, aber zierlich wirkender immergrüner Baum mit Hängewuchs und langen hängenden Nadeln. Für durchlässigen Boden in der Sonne.

***Pyrus salicifolia* 'Pendula'** (Weidenblättrige Birne) Kleiner Baum mit elegantem, hängendem Wuchs und silbrigen Blättern. Ein guter Schnitt hilft, die attraktive Form zu erhalten. *P. calleryana* 'Chanticleer' und *P. c.* 'Bradford' zeigen herrliche Herbstfarben in Violett bzw. Rot. Bevorzugt einen gut wasserdurchlässigen Boden in der Sonne.

BLAUGRÜN

Der Frauenmantel (*Alchemilla mollis*) gehört zu den beliebtesten Gartenpflanzen; er zeichnet sich durch eleganten Wuchs, zarte Blütendolden und hübsche Samenstände sowie vor allem durch die gewellten, samtigen Blätter aus, auf denen jeder Regen- oder Tautropfen wie ein Juwel wirkt.

(Oben links) Die eisblauen Farben der winterharten Haargerste *Elymus magellanicus* wiederholen sich in den fleischigen Blättern von *Echeveria lindsayana* (oben rechts) und den elegant gebogenen Blättern von *Dudleya brittonii* (unten). Diese kalten Blautöne können in einem sonnigen Garten beim Betrachter fast einen kleinen Kälteschock auslösen.

Einjährige und Stauden

Alchemilla mollis (Frauenmantel) Niedrige Staude, die ihre Schönheit vom zeitigen Sommer zeigt, wenn die fächerförmig gefalteten Blätter erscheinen, bis zum Herbst, wenn das Blaugrau des Laubes in Khakibraun übergeht und sich die Samenstände bilden. Vermehrung durch Teilung oder Saat. Gedeiht in jeder Erde in der Sonne (in warmen Regionen im Halbschatten).

Dudleya brittonii Eine Sukkulente mit lanzettlichen, hellblauen Blättern. Diese Staude ist nicht winterhart. Vermehrung durch Blattstecklinge. Benötigt durchlässige Erde in der Sonne.

Echeveria lindsayana Nicht winterharte Sukkulente mit rundlichen, silbrig blaugrauen Blättern. Vermehrung durch Blattstecklinge. Benötigt wasserdurchlässigen Boden in der Sonne.

Elymus magellanicus (Haargerste) Es gibt wohl kein Gras oder keine Pflanze in leuchtenderem Blaugrau. Bildet Horste mit gebogenen Halmen, über die sich dann die aufrechten Blütenstengel erheben, die zu Beige verblassen. Vermehrung durch Teilung. Gedeiht auf jedem Boden in der Sonne.

Festuca glauca (Blauschwingel) Kleinbleibende, immergrüne Staude mit stacheligen, blauen Halmen. Im Sommer erscheinen winzige Blüten an hohen Stengeln. Dekorative Kübelpflanze, die auch gut in ein Kiesbeet oder einen Steingarten paßt. Die Varietät *caesia* fällt durch leuchtendes Blau auf. Vermehrung durch Teilung im Frühjahr. Benötigt wasserdurchlässigen Boden in der Sonne.

(Links) Unter den vielen Funkien mit blaugrünem Laub gehört *H. sieboldiana* var. *elegans* zu den schönsten; die herzförmigen, wachsigen Blätter passen besonders gut zu feinem texturiertem Laub wie dem der Silbertanne *Abies procera* 'Glauca Prostrata' (rechts), die eine ähnliche Blaufärbung hat.

Helictotrichon sempervirens (Blaustrahlhafer) Neben der Haargerste hat dieses Gras die blaueste Färbung aller Pflanzen. Es wächst zu einem eleganten Büschel mit stacheligen Halmen heran. Im Sommer erscheinen an aufrechten Stengeln die hängenden Blütenrispen. Vermehrung durch Teilung im Frühjahr. Eine Pflanze für trockenen Boden an sonnigem Standort.

Hosta (Funkie) Die vielen Sorten und Kultivare reichen in der Größe von sehr kleinen Bodendeckern bis zu horstbildenden Formen mit 1,5 m Höhe, wie *Hosta sieboldiana* var. *elegans* mit stark faltigen, sehr blauen Blättern. Andere blaue Kultivare sind 'Big Daddy' mit rundlichen Blättern in Graublau und 'Hadspen Blue' mit herzförmigen, weichen Blättern. Funkien wirken am besten in Gruppen – im Beet oder in Kübeln. Vermehrung durch Teilung. Diese Stauden, die vor allem in den Wäldern Japans beheimatet sind, lieben Halbschatten und feuchten Boden, obwohl einige Sorten auch etwas Sonne und kurze Trockenzeiten tolerieren, besonders in kälteren Regionen. Funkien sind bei Schnecken sehr begehrt.

Koeleria vallesiana Niedriges Gras, das auf kalkigem Boden zu einem schönen Horst mit schmalen blaugrauen Halmen heranwächst. Daraus erheben sich im Hochsommer aufrechte Blütenstengel. Vermehrung durch Teilung im Frühjahr. Gedeiht auf jedem Boden in der Sonne.

Sträucher und Kletterer

***Abies* spp.** (Silbertanne) *A. procera* 'Glauca Prostrata' ist ein niedriges Nadelgehölz mit kuppelfömig gewölbtem Wuchs und bereiften, blaugrauen Na-

(Links) Die Weinraute (*Ruta graveolens*) mit ihren sehr zarten blaugrauen Blättchen ist eine gute Füllpflanze in der Rabatte zwischen altbekannten Stauden und historischen Strauchrosen. 'Jackman's Blue' hat die schönste Blaugraufärbung; interessant ist auch die hellpanaschierte Sorte 'Variegata'. (Rechts) Blaugraues Laub wird vielfach von Floristen verwendet; besonders beliebt ist das Laub des Eukalyptus (*Eucalyptus cordata*).

deln. *A. concolor* 'Compacta' (syn. *A. c.* 'Glauca Compacta') hat einen noch eleganteren Wuchs. Liebt feuchten, sauren Boden in der Sonne.

Ruta graveolens (Weinraute) Strauch, der bis zu 45 cm hohe Stengel aus verholztem Grund bildet. Die Blätter sind graublau und riechen scharf. Bei Sonne sollte man beim Schneiden vorsichtig sein, weil das Laub eine unangenehme Flüssigkeit abgibt, die zur Blasenbildung auf der Haut führen kann. 'Jackman's Blue' hat das schönste blaugrüne Laub. Um die Wuchsform zu erhalten, ist ein starker Rückschnitt im Frühjahr erforderlich. Vermehrung durch halbreife Stecklinge im Sommer. Wächst auf durchlässigem Boden in der Sonne.

Bäume

***Eucalyptus* spp.** (Eukalyptus) Sehr elegante, immergrüne Bäume mit interessanten Blattformen und Borken. Die Jugendblätter sind oval, ältere Blätter oft wechselständig und sichelförmig. *E. cordata* ist ein kleiner Baum mit silbergrauem Laub und attraktiver weißer Borke mit grünen oder violetten Flecken. Die Sorte *E. nicholii* hat purpurüberzogene Blätter und einen hängenden Wuchs. *E. perriniana* bildet schöne weiße oder grauweiße, glatte Borke. Die Blätter von *E. pulverulenta* sehen aus, als wären sie mit grauem Puder überzogen. *E. risdonii* bildet Stämme aus, die mit einem weißen Film bedeckt sind, so auch *E. morrisbyi*, der zusätzlich elegantes, lanzettliches Laub aufweist. Durch starken Rückschnitt erhält man das schönste Laub, zerstört aber die schlanke Wuchsform. Alle Eukalyptus-Arten benötigen tiefgründigen, leicht feuchten Boden in der Sonne.

Gelb-panaschiert

Die Große Sterndolde (*Astrantia major* 'Sunningdale Variegated') mit ihren gelbpanaschierten, tief gelappten Blättern ist eine beliebte Rabattenstaude. Wie jedoch bei vielen panaschierten Sorten sind die Blüten weniger beeindruckend als das Laub.

Empfindliche Stauden wie das Blumenrohr haben oft leuchtende Blütenfarben sowie gleichermaßen eindrucksvolles Laub. Die hier gezeigte orangeblühende *Canna* 'Striata' hat breite ovale Blätter, die auffällig grün und gelb gestreift sind. Die rotblühende Sorte 'Lucifer' überrascht durch violettrotes Laub.

Einjährige und Stauden

***Astrantia major* 'Sunningdale Variegated'** (Große Sterndolde) Buschbildende, winterharte Staude mit gelbrandigen, blaßgrün gefleckten Blättern, die während des ganzen Sommers nachtreiben.Vermehrung durch Teilung im Frühjahr. Gedeiht auf jedem Boden in der Sonne oder im Schatten.

***Canna* 'Striata'** (Blumenrohr) Nicht winterharte Pflanze mit gelb-grünen Blättern. Vermehrung durch Teilung der Rhizome im Frühjahr. Braucht einen sonnigen Standort und nährstoffreiche, wasserdurchlässige Erde.

***Carex reticulosa* 'Aurea'** (Segge) Jeder Halm leuchtet wie ein Sonnenstrahl. *C. elata* 'Bowles' Golden' hat noch tieferes Gelb mit dunkelgrünem Rand. 'Knightshayes' ist ebenfalls leuchtend gelb, hat aber keinen grünlichen Rand. Vermehrung durch Rhizomteilung oder aus Samen. Bevorzugt feuchten Boden im Halbschatten.

Carex morrowii (Segge) Ebenfalls ein Gras mit leuchtendgelben Halmen, das aber nur etwa 15 cm hoch wird. Vermehrung durch Teilung im Frühjahr. Für feuchten Boden im Halbschatten.

Hakonechloa macra (Japanwaldgras) Dichte Horste bildende, kleinbleibende Grasstaude, die sich langsam durch Rhizome ausbreitet. Überhängende, etwa 40 – 70 cm lange Halme. Es gibt mehrere panaschierte Kultivare; zu den schönsten zählt 'Aureola' mit hellgelben Halmen. Im Herbst werden die Spitzen braunrot. Vermehrung durch Teilung im Frühjahr. Liebt feuchten Boden im Halbschatten.

(Links) Immergrün (*Vinca major* 'Variegata') ist ein exzellenter Bodendecker unter Bäumen und Sträuchern; für Rabatten und als Begleiter von Frühlingsblühern eignet sich das kleinwüchsige Immergrün *V. minor* 'Variegata'.
(Rechts) Die Ölweide *Elaeagnus* x *ebbingei* 'Limelight' hat gelb-grüne Blättchen, die vor allem im Winter für Farbe sorgen.

***Molinia caerulea* spp. *caerulea* 'Variegata'** (Pfeifengras) Beliebtes Gras, das dichte Horste aus cremeweißen, langen Halmen bildet und sich im Herbst gold färbt. *M. c.* ssp. *arundinacea* 'Bergfreund' hat eine leuchtendgelbe Herbstfärbung. *M. c.* ssp. *arundinacea* 'Windspiel' wirkt besonders attraktiv, wenn es vom Wind bewegt wird. Leicht durch Teilung im Frühling zu vermehren. Bevorzugt sauren, sandigen Boden in der Sonne.

***Thymus* spp.** (Thymian) Viele Kultivare des bekannten Thymians gehören zu den schönsten gelbpanaschierten Bodendeckern wie *T. caespititius* 'Aureus' und *T. c.* 'Doone Valley', mit besonders leuchtenden und glänzenden, dunkelgrünen Blättern mit gelben Flecken. Leicht durch Teilung zu vermehren. Eine winterharte Staude für wasserdurchlässigen Boden in der Sonne.

***Vinca major* 'Variegata'** (Immergrün) Die gelbpanaschierte Form des bekannten Immergrüns. Ein Bodendecker, der sich schnell durch Ausläufer verbreitet. Die Blätter sind glänzend mit gelben Rändern. Wirkt besonders gut in einem schattigen Waldgarten. Vermehrung durch Ausläufer. Wächst in jeder Erde in der Sonne oder im Halbschatten.

Sträucher und Kletterer

***Elaeagnus* x *ebbingei* 'Limelight'** (Ölweide) Ein großer, immergrüner Strauch mit breitausladendem Wuchs. Die ledrigen, grünen Blätter haben eine goldene oder blaßgrüne Mitte. Die Sorte 'Gilt Edge' hat goldfarbene Blattränder. Vermehrung durch halbreife Stecklinge. Gedeiht auf jedem wasserdurchlässigen Boden in der Sonne.

Immergrüne Pflanzen mit panaschierten Blättern bilden schöne Blickpunkte im Garten und prägen eine Bepflanzung das ganze Jahr über: (Links) das Efeu *Hedera colchica* 'Sulphur Heart' und (rechts) die Stechpalme *Ilex* x *altaclarensis* 'Lawsoniana'.

***Hedera colchica* 'Sulphur Heart'** (Kolchischer Efeu) Kräftige Efeusorte mit großen, herzförmigen Blättern mit goldgelben Flecken. Ein guter immergrüner Kletterer für dunkle Gartenecken. Manchmal erscheinen einige Blätter ganz gelb, an älteren Blättern ist das Gelb grün überhaucht. Gedeiht auf jedem Boden in der Sonne oder im Halbschatten.

Hedera helix (Gemeiner Efeu) Kleinblättrige, immergrüne Efeuart mit sehr vielen Kultivaren wie 'Goldchild' mit leuchtendgrünen Blättern und hellgrüner Mitte. Einfache Vermehrung durch Ausläufer oder Stecklinge im Spätsommer. Bevorzugt feuchten Boden im Halbschatten.

***Ilex* x *altaclarensis* 'Lawsoniana'** (Stechpalme) Ein großer Strauch oder halbhoher Baum mit glänzenden recht großen dornenlosen Blättern mit gelber Mitte. *I.* x *a.* 'Golden King' hat breite, grüne, fast dornenlose Blätter mit gelbem Rand und *I.* x *a.* 'Belgica Aurea' flache, dunkelgrüne Blätter mit cremegelbem Rand. Gedeiht auf jedem Boden in der Sonne.

Rosmarinus officinalis 'Aureus' (Rosmarin) Immergrüner, bis 2 m hoher Strauch. Seit Jahrhunderten beliebte Pflanze für Bauerngärten und Flechtgärten. Es gibt die unterschiedlichsten Formen: liegender, aufrechter oder hängender Wuchs sowie weiß- oder rosablühende Sorten; alle stark duftend. Die goldpanaschierten Kultivare sind nicht vollkommen winterhart; sie benötigen einen sehr geschützten Platz oder müssen im Gewächshaus überwintern. Vermehrung durch halbreife Stecklinge im Sommer. Braucht wasserdurchlässige Erde in der Sonne.

WEISS-PANASCHIERT

Weißpanaschierte Pflanzen fallen weniger auf als gelbpanaschierte, weil sie sich weniger von den sanften Pastelltönen der Frühsommerblüher abheben. Der Aronstab *Arum italicum* 'Marmoratum' erscheint zusammen mit den ersten Blüten der Frühlingszwiebeln.

Zierkohl ist eine interessante Bereicherung für den Wintergarten. Unter den vielen F1-Hybriden, die sich aus Samen ziehen lassen, kann man zwischen unterschiedlichsten Formen und Farbzusammenstellungen wählen – kraus und geschlitztblättrig mit rosa, dunkelroter oder weißer Mitte.

Einjährige und Stauden

***Arum italicum* 'Marmoratum'** (Aronstab) Im Herbst erscheinen die großen, glänzenden und pfeilförmigen Blätter mit silbrigweißen Adern. Paßt ausgezeichnet zu Lenzrosen und anderen Stauden oder Blumenzwiebeln, die im Winter oder zeitigen Frühjahr blühen. Vermehrung durch Teilung, nachdem die Blätter verwelkt sind, oder wenn sie gerade erscheinen. Sät sich auch vielfach selbst aus. Der Aronstab bevorzugt feuchten Boden in der Sonne oder im Halbschatten.

***Arundo donax* 'Variegata'** syn. *A. d.* var. *versicolor* (Pfahlrohr, Riesenschilf) Imposante, sehr schnell wachsende Grasstaude mit aufrechten Rohren von etwa 2 m Höhe. Die langen, schmalen Blätter sind auffällig weißgestreift. Eine empfindliche Pflanze, die unter Glas überwintern muß. Vermehrung im zeitigen Frühjahr durch Teilung. Benötigt einen feucht-frischen Boden in der Sonne.

Brassica oleracea (Zierkohl) Interessanter, „eßbarer" Schmuck für den Garten, der in Blumenbeeten besonders überraschend wirkt. In vielen Katalogen werden immer mehr spektakuläre Sorten angeboten, die sich problemlos aus Samen ziehen lassen – z. B. krause Köpfe mit weißer, cremefarbener oder roter Mitte und pinkfarbenen oder violetten Rändern. Die Samen werden wie Winterkohl im Frühsommer in ein gesondertes Beet gesät. Wenn die Pflänzchen kräftig genug sind, werden sie in einzelne Töpfe gesetzt. Kalkhaltiger Boden und eine gute Nährstoffversorgung fördern das Wachstum und die Ausbildung kräftiger Farben; der Zierkohl gedeiht aber auf jedem Boden.

(Oben) Bei einigen Blattpflanzen unterstreicht die Panaschierung die Form oder Struktur des Laubes; so wird der gebogene Wuchs der Blätter der Funkie *Hosta undulata* var. *univittata* durch die weißen Flächen betont. (Gegenüberliegende Seite, oben) Die zarten Halme des Chinaschilfs *Miscanthus sinensis* 'Malepartus' wirken durch den weißen Mittelstreifen noch feiner. (Gegenüberliegende Seite, unten) Einige Panaschierungen erscheinen ganz unregelmäßig, wie beim Silberling *Lunaria annua* 'Allba Variegata'.

Carex spp. (Segge) *C. oshimensis* wird etwa 30 cm hoch und hat wesentlich breitere Halme als die übrigen *Carex*-Arten. Jeder Halm hat einen breiten weißen Rand; die Sorte 'Evergold' hat einen cremegelben Rand. Wird diese Grasstaude in großen Gruppen angepflanzt, wirkt die Panaschierung besonders stark. *Carex siderosticha* 'Variegata' mit langen und breiten weiß-grün gestreiften Halmen formt einen sehr eleganten Horst. Vermehrung durch Teilung im Frühjahr. Bevorzugt einen feuchten Boden in der Sonne oder im Halbschatten.

Hosta undulata* var. *univittata (Funkie) Eine winterharte Staude mit weißem, unregelmäßigen Streifen in der Blattmitte, der genau der Blattform folgt. Mit den Jahren wird die Panaschierung blasser und verschwindet schließlich ganz. Vermehrung durch Teilung. Liebt nährstoffreichen, feuchtigkeitsspeichernden Boden im Halbschatten oder Schatten.

***Lunaria annua* 'Alba Variegata'** (Silberling) Der schnellwachsende zweijährige Silberling hat herzförmige, stark gezähnte Blätter in weiß-grün. Vermehrung durch Samen. Bevorzugt gut wasserdurchlässigen Boden im Halbschatten.

Miscanthus sinensis (Chinaschilf) Eine der vielen *Miscanthus*-Arten mit sehr unterschiedlichen Sorten, die sich als Solitär- sowie als Rabattenpflanzen eignen. Die Blüten sind für ein Gras recht auffällig, sie erscheinen teilweise sehr spät im Herbst. Die breiten Halme der Sorte 'Malepartus' werden durch einen dünnen weißen Mittelstreifen betont. 'Silberfeder' erreicht unter idealen Bedingungen eine Höhe von 2,4 m und

(Links) Das Bunte Rohrglanzgras *Phalaris arundinacea* 'Picta' ist auffälliger als die meisten weißpanaschierten Pflanzen. Es breitet sich aber erschreckend schnell aus, besonders auf feuchtem Boden. Die Sorte 'Feesey's Form' wuchert weniger stark und hat noch ausgeprägtere weiße Streifen.

hat seidigweiche Blütenstände, die in der Sonne glitzern. Es ist die reichblühendste Form für kühle Lagen. Weit verbreitet ist die Sorte 'Variegatus' mit breiten hellen Streifen auf den Halmen. 'Zebrinus' ist ebenfalls oft zu sehen – die Halme haben cremefarbene Querstreifen, daher der Name. 'Morning Light' wirkt ähnlich wie 'Silberfeder', hat aber zusätzlich einen breiten weißen Randstreifen. Vermehrung durch Teilung im zeitigen Frühjahr. Viele neue Sorten blühen auch in unseren Sommern reich. Für jeden Boden in der Sonne oder im Halbschatten.

***Persicaria virginiana* 'Painter's Palette'** (*syn. Tovara virginiana*) Eine niedrigwachsende, winterharte Staude, die offene Büschel bildet. Die Blätter sind oval, mittelgrün mit cremefarbenen Sprenkeln und rotem Streifen. Diese Farbe wird in den Stengeln wiederholt, wodurch die Pflanze einen rötlichen Schimmer erhält. Vermehrung durch Teilung. Bevorzugt feuchtigkeitsspeichernden Boden in der Sonne.

***Phalaris arundinacea* 'Picta'** (Buntes Rohrglanzgras) Ein Gras mit breiten, weißgestreiften Blättern, die etwas gebogen sind. Wuchert sehr stark. Vermehrung durch Teilung. Gedeiht auf jedem Boden in der Sonne.

***Pulmonaria* spp. und Kultivare** (Lungenkraut) Viele Sorten und Kultivare dieser beliebten Bauerngartenpflanze haben unterschiedlich große, silbrige Flecken auf langen, spitz zulaufenden Blättern, die sich leicht rauh anfüllen. *P. rubra* 'David Ward' hat eine sanfte Graugrünfärbung und große cremeweiße Flecken. Die schmalen Blätter von *P. longifolia* 'Bertram Anderson' zeigen glitzernde, silbrige Punkte, die im

(Mitte) Die stark panaschierten, ovalen Blätter des Lungenkrauts *Pulmonaria saccharata* (*Argentea*-Gruppe) wirken im Frühjahr am schönsten. Durch die unterschiedlich großen, silbrigen Sprenkel bilden sie den idealen Untergrund für viele Frühlingsblüher. (Rechts) Die Blätter des Amur-Strahlengriffels *Actinida kolomikta* sind teilweise mit leuchtendem Pink und Weiß überzogen. Die Färbungen fallen von Pflanze zu Pflanze recht unterschiedlich aus.

Herbst stark auffallen. Die Sorten der P. *saccharata Argentea*-Gruppe haben silbrige Flecken auf graugrünen Blättern. Sieht sehr schön als Bodendecker zwischen anderen Frühlingsblühern aus. Vermehrung durch Teilung im Herbst. Liebt feuchtigkeitsspeichernden Boden im Halbschatten.

Sträucher und Kletterer

Actinidia kolomikta (Amur-Strahlengriffel) Windet sich bis 3 m hoch. Die breiten, etwas herzförmigen Blätter haben eine sehr ungewöhnliche Farbgebung; sie sehen aus, als wären sie teilweise in Rosa und Weiß getaucht. Manche Blätter zeigen gar kein Grün. Die Panaschierung tritt erst bei älteren Pflanzen auf. Im Sommer erscheinen weiße, duftende Blütchen. Vermehrung durch Absenker oder Stecklinge aus Stengelgliedern. Gedeiht auf jedem Boden in der Sonne.

Hedera colchica 'Dentata Variegata' (Kolchischer Efeu) Immergrüne Staude mit großen Blättern und cremeweißem Rand. Ideal zum Begrünen von Mauern oder aber als Bodendecker. Für jeden Boden in der Sonne oder im Halbschatten geeignet.

Cornus controversa 'Variegata' (Pagoden-Hartriegel) Einer der attraktivsten Sträucher überhaupt. Ein schönes Gehölz mit horizontal ausgerichteten Ästen, die wie in Schichten angeordnet sind, glänzend grün-silbrigen Blättern und weißen Blüten in flachen Trugdolden. Im Herbst erscheinen dunkle Früchte und eine purpurrote Laubfärbung. Laubabwerfender Strauch, der wasserdurchlässigen Boden in der Sonne oder im Halbschatten bevorzugt.

Herbstfarben

Die dichten Schöpfe der Segge *Carex comans* sind grünlich, rötlich und bronzefarben. Zum Herbst hin nehmen die Halmspitzen ein warmes Braun an, das sich den ganzen Winter über hält.

Die vielen Arten der Wolfsmilch bieten eine große Palette an Farben, Texturen, Wuchsformen und Größen. Es gibt Sorten mit winzigen, weinroten Blättern und andere mit leuchtendgrünen. Einige haben aufrechte Stengel, andere gebogene. Sie sorgen das ganze Jahr über für interessante Aspekte, aber im Herbst sind sie kaum zu überbieten, wie die *Euphorbia griffithii* 'Fireglow' deutlich macht.

Einjährige und Stauden

***Carex* spp.** (Segge) Es gibt mehr als 2.000 Seggen-Sorten; einige haben herrliches Herbstlaub in Zimt- und Grüntönen mit leuchtendgelber oder weißer Panaschierung. Die Farben fallen vor allem im Herbst auf, wenn die meisten anderen Stauden ihr Laub schon verloren haben. *C. buchananii* wächst aufrecht, bis zu einer Höhe von 60 cm, und hat glänzend kupferfarbenes Laub; die Spitzen der Halme drehen sich teilweise stark ein. *C. comans* wird nur etwa 25 cm hoch und bildet dichte Schöpfe feiner, überhängender, schmaler Halme. Die Halme sind leicht glänzend und bräunlich überzogen. Vermehrung durch Teilung im Frühjahr. Liebt feuchtigkeitsspeichernden Boden in der Sonne oder im Halbschatten.

***Euphorbia* spp. und Kultivare** (Wolfsmilch) Diese Gattung immergrüner Stauden bietet einige sehr auffällige Gartenpflanzen. Sie sehen das ganze Jahr über interessant aus, haben ihren Höhepunkt aber im Herbst. Es gibt die unterschiedlichsten Größen, von kleinen, bodendeckenden Arten wie *E. cyparissias* mit kurzen Stengeln und weichen, blaßgrünen Blättchen bis zu großen, imposanten Sorten wie *E. characias* ssp. *wulfenii* mit aufrechten Stengeln und blaugrünen, schmalen Blättern sowie großen schwefelgelben Trugdolden. Dazwischen gibt es viele Kreuzungen, wie etwa *E.* x *martinii*, die ebenfalls aufrecht wächst, aber rotüberzogene Stengel und Blätter hat. Andere interessante rote Sorten sind *E. griffithii* 'Dixter' mit orangeroten Blättern und orangefarbenen Hochblättern. *E. g.* 'Fireglow' und *E. dulcis* 'Chameleon' sind fast vollständig rot, mit einem Hauch Grün.

(Links) Die weniger bekannte, ungewöhnliche Zwergmispel *Cotoneaster lancasterii* mit ihren feuerrot und goldfarbenen Blättern – mit silbriger Unterseite – ist ein besonders auffälliger Strauch für ein Herbstbeet. (Mitte) Alle Arten des Federbuschstrauchs (*Fothergilla major*) sind für ihre prächtige Herbstfärbung bekannt. Die Blüten erscheinen an langen Ähren mit auffälligen weißen Staubblättern.

E. seguieriana ssp. *niciciana* hat gebogene Stengel mit blaugrauen Blättchen. Vermehrung durch Stecklinge im Spätsommer oder durch Teilung (*E. dulcis* 'Chameleon' sät sich vielfach auch selbst aus). Die meisten Wolfsmilchgewächse bevorzugen wasserdurchlässigen und trockenen Boden in der Sonne oder im Halbschatten.

***Geranium macrorrhizum* 'Album'** (Felsenstorchschnabel) Die weißblühende Sorte dieses Kultivars ist besonders wegen der aromatischen Blätter beliebt. Das Laub verfärbt sich im Herbst wunderschön rost- und purpurrot. Einfache Vermehrung durch Stecklinge im Sommer oder durch Teilung. Der Storchschnabel gedeiht auf jedem Boden in der Sonne.

Sträucher und Kletterer

Cotoneaster lancasterii (Zwergmispel) Die meisten Zwergmispeln sind für den Garten interessant; die schönste Herbstfärbung hat aber diese weniger bekannte Art. Vermehrung durch halbreife Stecklinge. Gedeiht auf jedem Boden in der Sonne oder im Halbschatten.

Fothergilla (Federbuschstrauch) *F. gardenii* bildet einen rundlichen Busch mit blaugrünem Laub, das im Herbst orangegelb wird. Im Frühling erscheinen an den unbelaubten Zweigen dichte Büschel mit weißen, duftenden Blütchen. *F. g.* 'Blue Mist' ist eine verbreitete Sorte mit ebenfalls sehr schöner Herbstfärbung. *F. major* hat einen aufrechten Wuchs und trägt im Frühjahr weiße Blüten. Die gesägten, ovalen Blätter sind graugrün und erscheinen im Herbst in wunderschönen Gold- und Pupurtönen. Vermehrung durch halbreife Stecklinge im Spätsom-

(Rechts) Die Dreispitz-Jungfernrebe *(Parthenocissus tricuspidata)* war im späten 19. Jahrhundert an fast jedem Haus zu sehen. Obwohl dieser üppige Kletterer das meiste Jahr über außer einer dichten grünen Fläche nicht viel zu bieten hat, zeigt er doch im Herbst ganz besonders schöne Farben. 'Veitchii' wird dunkelpurpur, 'Lowii' mit gekräuselten Blatträndern färbt sich burgunderrot.

mer. Dieser mittelhohe, laubabwerfende Strauch wächst am besten auf saurem, relativ feuchtem Boden im Halbschatten.

Hamamelis mollis (Zaubernuß) Laubabwerfender Strauch, der das ganze Jahr über interessant ist. Im zeitigen Frühjahr erscheinen die duftenden Blüten, dann folgen die stark texturierten, rundlichen Blätter, die im Herbst goldgelb werden. Der Strauch hat einen schönen breiten Wuchs. Bevorzugt sauren Boden, gedeiht aber in jeder durchlässigen Erde im Halbschatten.

Parthenocissus quinquefolia (Jungfernrebe) Diese Art ist stärker verbreitet als der interessantere *P. henryana*, mit drei- bis siebenzähligen Blättern und weicher Oberfläche sowie zarten rosa oder weißen Adern. Die Adern sind auch dann noch sichtbar, wenn sich das Laub im Herbst leuchtendrot färbt. Die Herbstpracht von *P. tricuspidata* ist von kürzerer Dauer. Seine Blätter sind glänzend, dick, bis 12 cm lang. Üppig wuchernder Kletterer, der an Drähten befestigt werden sollte. Ideal zum Begrünen östlicher oder nördlicher Mauern. Vermehrung durch Stecklinge im Sommer. Bevorzugt einen gut wasserdurchlässigen Boden im Halb- oder Vollschatten.

***Viburnum* spp. und Kultivare** (Schneeball) Schneebälle sorgen im zeitigen Frühjahr sowie im Herbst für schöne Farben und Texturen. Es gibt immergrüne und laubabwerfende Arten. *V. davidii* ist ein immergrünes Gehölz mit dunkelgrünen, leicht glänzenden Blättern und betonten Adern. Ist ein niedriger, breiter Strauch. Um die stahlblauen Beeren zu erhalten, sind eine männliche und weibliche Pflanze

Die Weinrebe *Vitis coignetiae* benötigt sehr viel Platz. Die Blätter sind groß, herzförmig und färben sich im Spätherbst scharlachrot. Ein kräftiger, laubabwerfender Kletterer für nördliche Wände.

erforderlich. *V. rhytidophyllum* ist ein großer immergrüner Strauch mit länglichen Blättern. Die Blattoberseiten sind tiefgrün, die Unterseiten graugrün. Aus den Doldentrauben mit kleinen weißen Blütchen entwickeln sich glänzende, erst rote, später schwarze Beeren. In Kälteperioden im Winter bietet der Strauch durch die hängenden, welkwirkenden Blätter einen etwas traurigen Anblick. *V. sargentii* 'Onondaga' ist laubabwerfend, die Blätter sind dunkelgrün und werden allmählich rot. Zweige und Blüten sind weinrot überzogen. Die immergrünen Sorten *V. plicatum* 'Mariesii', *V. p. tomentosum* und *V. p.* 'Watanabe' haben sehr elegante Wuchsformen mit horizontal ausgerichteten Zweigen. Die Blüten erscheinen entlang der Zweigspitzen. Die tief texturierten Blätter biegen sich elegant nach unten. Im Herbst ist das Laub rosarot überzogen. *V. opulus* 'Aureum' ist die gelbblättrige Form des Gewöhnlichen Schneeballs; ein laubabwerfender Strauch, der im Frühjahr, wenn die hellgelben Blätter erscheinen, besonders ausdrucksvoll ist. Vermehrung durch Stecklinge im Spätsommer. Schneebälle bevorzugen überwiegend feuchte, kalkhaltige Böden im Halbschatten, einige Arten wachsen aber besonders gut in der Sonne.

***Vitis* spp. und Kultivare** (Weinrebe)
Zu den Kletterpflanzen mit der schönsten Herbstfärbung zählt *V. coignetiae*, die Rostrote Rebe. Sie hat große, herzförmige Blätter, die nach dem ersten Frost scharlach- bis karminrot werden. Das Herbstlaub hält sich sehr lange. Ein kräftiger Kletterer, dessen Wachstum durch regelmäßigen Schnitt eingedämmt werden kann. Gut geeignet zum Begrünen nördlicher Wände und Mau-

Die Japanischen Ahorne mit feingeschlitzten Blättern, die der Art *Acer palmatum* angehören, bieten eine Vielzahl sehr interessanter Sorten. Die Herbstfärbung ist immer spektakulär, und viele Sorten haben darüber hinaus noch attraktive Rinden und ungewöhnliche Samenstände in leuchtenden Farben.

ern. Eine weitere Rebe mit ausgezeichneter Herbstfärbung ist V. 'Brant'; sie hat weiche grüne Blätter, die sich im Herbst rot färben, wobei die Adern jedoch grün bleiben. V. 'Purpurea' hat in der Jugend prächtig rote, flaumige Blätter, die mit zunehmendem Alter dunkelpurpur werden. Die Blätter von V. 'Incana' sind anfänglich weiß behaart; die Herbstfärbung ist blaßrot. Alle Rebenarten lassen sich durch Stecklinge im Spätsommer vermehren. Sie bevorzugen einen gut wasserdurchlässigen Boden in der Sonne oder auch im Halbschatten.

Bäume

Acer (Ahorn) Viele Ahorne sind für ihre Herbstfärbung bekannt. Die wohl schönsten Farben hat aber *A. saccharum*, der Zuckerahorn, einer jener Bäume, der für die prächtigen Herbstfarben in den Neuenglandstaaten mitverantwortlich ist. Ein großer Baum, der am besten in Gruppen gepflanzt werden sollte, damit die Herbstfarben in allen Schattierungen zur Geltung kommen können. Beim Silberahorn haben die Unterseiten der Blätter einen silbrigen Schimmer, dem der Baum seinen Namen verdankt. Die Sorte *A. s.* f. *laciniatum* hat elegante, tief eingeschnittene Blätter an hängenden Zweigen. Von den Japanischen Ahornen ist besonders *A. palmatum* 'Osakazuki' wegen seiner leuchtendroten Herbstfärbung beliebt. Diese recht schnellwachsenden, nicht sehr hoch werdenden Bäume gedeihen auf jedem Boden, am liebsten an einem sonnigen Standort.

Koelreuteria paniculata (Blasenbaum) Ein Baum mit auffällig gelber Herbstfärbung. Der breitwachsende, laubabwerfende Baum mit flacher Kro-

(Oben) Der Amberbaum (*Liquidambar styraciflua*) wird wegen seiner handförmigen Blätter leicht mit einem Ahorn verwechselt. Er zeigt – meist – eine ähnlich schöne Herbstfärbung. Gehölze, die aus Stecklingen der Klone 'Worplesdon' oder 'Lane Roberts' gezogen sind, bieten im Herbst einen wahren Farbenrausch. (Unten) Am frischen Holz des Tupelobaums (*Nyssa sinensis*) sind die roten Farbtöne im Herbst besonders kräftig.

ne hat gefiederte Blätter und trägt gelbe Blütenrispen. Im Spätsommer erscheinen die bis 40 cm langen, blasenartigen Früchte. Der Kultivar 'Fastigiata' hat einen schönen säulenförmigen Wuchs. Gedeiht auf jedem Boden in der Sonne.

Liquidambar styraciflua (Amberbaum) Laubabwerfender, mittelgroßer Baum mit pyramidenförmigem Wuchs und herrlichen Herbstfarben – von Burgunderrot an den unteren Zweigen bis zu Leuchtendgelb an den obersten Zweigen oder aber ganz weinrot – abhängig vor allem von den jeweiligen Bodenverhältnissen. Der Amberbaum in meinem Garten verfärbte sich die ersten Jahre gar nicht, jetzt, nach acht Jahren, zeigt er die herrlichsten Rubintöne. Dieser Baum benötigt feuchte Erde und meidet flachgründigen Kalkboden. Gedeiht in der Sonne oder im Halbschatten.

Nothofagus fusca (Südbuche, Scheinbuche) Laubabwerfender Baum mit kupferfarbenem Herbstlaub. An älteren Bäumen interessante Borkenbildung. Die Südbuchen haben im Vergleich zu normalen Buchen winzige Blättchen. *N. solandri*, die Schwarzbuche, wird wegen ihres graziösen Wuchses geschätzt. *N. s.* var. *cliffortioides* ist eine ähnliche Sorte, die auch bei uns erhältlich ist. Es handelt sich um kleinwüchsige, recht winterharte Bäume, die aber einen windgeschützten Standort erfordern. Der Boden sollte sauer sein und guten Wasserabzug haben. Gedeiht in der Sonne oder im Halbschatten.

***Nyssa* spp.** (Tupelobaum) Das glänzende, dunkelgrüne Laub von *N. sylvatica* verfärbt sich im Herbst orange bis

Im zeitigen Frühjahr sind die jungen Blätter der Berg-Kirsche (*Prunus sargentii*) kupferrot und harmonieren gut mit den blaßrosa Blüten. Ein eleganter, kleinbleibender Baum mit hübscher Krone und prächtig rotem Herbstlaub.

scharlachrot. Der mittelgroße Baum hat einen kegelförmigen Wuchs und eignet sich gut als Solitärgewächs. Er wächst langsam und mag nicht gern verpflanzt werden. *N. sinensis* hat schmale Blätter, die im Herbst leuchtendrot werden. Benötigt feuchten Boden in der Sonne.

Parrotia persica (Eisenholz) Breitwüchsiger, kleiner Baum mit extrem hartem Holz. Ein Verwandter der Zaubernuß, mit ebenso graziösem Wuchs. Im Herbst färben sich die langen, ovalen Blätter goldgelb mit roten Spitzen. Recht langsam wachsend. Sehr hübsch mit herbstblühenden *Cyclamen hederifolium* als Unterpflanzung. Das Eisenholz erfordert einen feuchten Boden in der Sonne.

Populus tremuloides (Amerikanische Zitterpappel) Ähnlich wie der Bambus (*siehe S. 148*) sorgt auch diese Pappel für „Musik und Bewegung" im Garten. Die Blätter färben sich im Herbst goldgelb. Der laubabwerfende Baum kann eine Höhe von 30 m erreichen, so daß er nicht ohne weiteres in jeden Garten paßt. Bevorzugt gut wasserdurchlässigen Boden in der Sonne.

Prunus sargentii (Berg-Kirsche) Aufrecht spreizwüchsiger Baum mit dünn gespitzten Blättern. Im Frühling erscheinen hübsche Büschel mit muschelrosa Blüten. Während des Sommers ist der Baum einfach grün, im Herbst zeigt er aber eine der schönsten Färbungen überhaupt – unterschiedlichste Rot- , Ocker- und Gelbtöne. Alle Blätter fallen gleichzeitig, so daß der Baum dann von einem leuchtenden Farbkreis umgeben ist. Kleiner laubabwerfender Baum, der wasserdurchlässigen Boden in der Sonne bevorzugt und auch auf kalkigem Boden gedeiht.

Rinde, Stamm & Beere

Der Chilenische Bambus (*Chusquea culeou*) gehört zu den imposantesten Bambusarten. Er erreicht leicht eine Höhe von bis zu 5 m. Die eindrucksvollen Rohre allein sind schon beachtenswert; ergänzt werden diese dann aber noch durch das elegante, feine Laub.

Die Edeldistel *Eryngium bourgatii* 'Oxford Blue' fällt durch ihre ungewöhnliche Färbung auf; das Violett der Stengel breitet sich bis in die Blätter und Samenstände aus. Die altbekannte *E.* x *zabelii* ist eine Hybride aus *E. alpinum* und *E. bourgatii*, so daß sie die seidigen Hochblätter der einen und die satten Farben der anderen Art aufweist.

Einjährige und Stauden

Briza maxima (Zittergras) Die zierlichen, hängenden Ährchen wiegen sich im Wind. Die Blüten erscheinen den ganzen Sommer über, gefolgt von Samenständen, die allmählich hellbraun werden. Vermehrung durch Teilung im Frühjahr. Wächst auf jedem Boden in der Sonne oder im Halbschatten.

Chasmanthium latifolium Gras mit besonders hübschen Blütenständen und daumengroßen Blüten, die wie flache, übergroße Haferkörner an sehr feinen Halmen hängen. Das Gras wächst aufrecht und erreicht eine Höhe von etwa 90 cm. Die Farben der Samenstände verblassen von Hellgrün zu Hellbraun. Vermehrung durch Teilung im Frühjahr. Erfordert gut wasserdurchlässigen Boden im Halbschatten.

Chusquea culeou (Chilenischer Bambus) Eine der imposantesten, sehr winterharten Bambusarten. Die Rohre werden bis zu 5 m hoch, und die Pflanze kann einen Umfang von 3 m erreichen. Liebt feuchten Boden in windgeschützter Lage.

***Eryngium bourgatii* 'Oxford Blue'** (Edeldistel) Rosettenbildende Staude mit hohen Stengeln und vielteiligen, stacheligen Grundblättern. Ein metallisch glänzendes Silberviolett überzieht die Blätter, Stengel und Hochblätter. Vermehrung durch Teilung im Frühjahr. Geeignet für Boden mit gutem Wasserabzug in voller Sonne.

Eupatorium purpureum (Wasserdost, Wasserhanf) Bildet große Büschel blaugrüner, bis über 2 m hoher, aufrechter Stengel mit roten Knoten. Die Blätter stehen in Quirlen. Die Blütenköpfchen

(Links) Die silbrigen Ruten von *Rubus cockburnianus* setzen einen besonderen Akzent im winterlichen Garten. Besonders hübsch als Kontrast zu Immergrünen und Frühlingsblühern wie Lenzrosen. (Mitte) Die knallroten Triebe des Hartriegels *Cornus alba* 'Sibirica' haben eine ähnlich auffällige Wirkung und beweisen, daß auch im Winter interessante Farben zu sehen sein können.

sind blaßrosa, lila oder cremeweiß und erscheinen im Spätsommer oder aber im Herbst. Vermehrung durch Teilung im Herbst oder zeitigen Frühjahr. Bevorzugt einen gut wasserdurchlässigen Boden im Halbschatten.

Hordeum jubatum (Mähnengerste) Einjähriges oder kurzlebiges Gras, das wild am Wegesrand wächst. Es fällt auf durch die graziösen, gebogenen Stengel mit langen fedrigen Blütenähren, aus denen sich attraktive Samenstände entwickeln. Gedeiht auf jedem wasserdurchlässigen Boden in der Sonne.

***Pennisetum* spp. und Kultivare** (Federborstengras) Sehr beliebt wegen der wunderschönen Samenstände. Bildet Horste aus schmalen, hohen Halmen. Die Ährchen sind borstig behaart, anfangs purpur und später graubraun. *P. alopecuroides* hat gebogene Blütenstengel im Spätsommer, die sich langsam in Samenrispen mit langen Haaren verwandeln, so daß die Pflanze wirkt, als sei sie von kleinen behaarten Raupen überzogen. *P. orientale* ist wesentlich auffälliger, mit noch längeren Rispen und seidenweichen, rosafarbenen Härchen an den Samen. *P. setaceum* zeigt an der gesamten Pflanze einen Rotschimmer. Vermehrung durch Teilung im Frühjahr. Federborstengräser bevorzugen leichten, warmen Boden in der Sonne.

***Phyllostachys* spp. und Kultivare** (Bambus) Es gibt eine Vielzahl von *Phyllostachys*-Arten, einige mit ausgefallenen Farben und seltsam geformten, hohen Rohren, mit denen sich die Vertikale im Garten betonen läßt. *P. aurea* 'Flavescens Inversa' bildet 4 – 8 m hohe Rohre, 3 – 4 cm im Durchmesser, die glatt, gräulich oder bräunlichgelb sind.

(Rechts) Der Hartriegel *Cornus sericea* 'Flaviramea' sorgt wie auch andere Hartriegel für leuchtende Farben in den dunklen Wintermonaten. Die schönsten Farben erscheinen an jungen Zweigen, so daß man altes Holz im Frühjahr entfernen sollte, um neues Wachstum anzuregen.

Auffallend sind die unteren, zusammengedrängten Knoten und gelben Rillen an den Rohren. *P. bambusoides* 'Castilloni' hat gelbgrüne Rillen an strohgelben Rohren. *P. nigra* hat anfangs grüne, später braunschwarze, glänzende Rohre. *P. n.* 'Boryana' zeigt an den Rohren dunkelbraune Sprenkel. *P. violascens* bildet im Alter violett-grüne Flecken auf den Rohren. Zur Feuchtigkeitsspeicherung kann man jährlich eine Schicht Kompost um die Pflanze herum aufbringen. Die dichten Horste sollten ab und zu ausgelichtet werden, damit die Sonne auch die Pflanzenmitte erreichen kann. Vermehrung durch Teilung. Diese immergrünen Stauden bevorzugen feuchten Boden in der Sonne oder im Halbschatten.

***Rubus* spp.** (Himbeere, Brombeere) Besonders attraktiv sind *R. cockburnianus* mit blauweißen Ruten im Winter, *R. phoenicolasius* (Japanische Weinbeere) mit rubinroten, stark bestachelten Ruten und leuchtendgrünen Blättern mit silbriger Unterseite sowie *R. thibetanus* mit silbrigem, fedrigem Laub und langen, gebogenen, wachsweißen Ruten. Alle *Rubus*-Arten bilden zahlreiche Ausläufer. Winterharte Pflanzen, die auf jedem Boden in der Sonne gedeihen.

Sträucher und Kletterer

***Cornus* spp.** (Hartriegel) *C. alba* ist ein laubabwerfendes, mittelgroßes Gehölz mit dunkelroten Zweigen und aufrechtem Wuchs. Die einfachen, ovalen Blätter verfärben sich im Herbst. Die leuchtendrote Rinde besonders an junger Trieben ist im Winter sehr attraktiv. An einem sonnigen Standort kommen die schönen Farben noch besser zur Geltung. Alle Hartriegel sollten im

(Oben) Der interessante Wuchs der Zwergmispel (*Cotoneaster horizontalis*) wird noch durch die kleinen, roten Beeren betont. Eine Pflanze, die sich zum Begrünen von Mauern aber auch als Bodendecker eignet. (Unten links) Der Feuerdorn (*Pyracantha* 'Orange Glow') ist im Frühjahr mit weißen Blüten bedeckt, aus denen sich orangefarbene Beeren entwickeln. (Unten rechts) Die Kartoffelrose *Rosa rugosa* 'Scabrosa' trägt ebenfalls leuchtendrote Früchte und zeigt eine schöne Herbstfärbung. Eine gute Heckenpflanze für windige, schattige Lagen.

Frühjahr stark zurückgeschnitten werden. 'Aurea' hat schönes gelbes Laub; bei 'Elegantissima' sind die weichen, grünen Blätter weiß umrandet und weiß gesprenkelt; 'Kesselringii' hat dunkelgrünes Laub an purpurfarbenen Ruten, das sich im Herbst weinrot färbt.; 'Sibirica' hat im Winter feuerrote Zweige; die Blätter von 'Spaethii' sind gelbpanaschiert. *Cornus sericea* 'Flaviramea' hat im Winter leuchtende, grüngelbe Rinden. Vermehrung durch halbreife Stecklinge im Spätsommer. Bevorzugt feuchtigkeitsspeichernden Boden in der Sonne oder im Halbschatten.

***Corylus avellana* 'Contorta'** (Korkenzieher-Haselnuß) Dieser laubabwerfende Strauch zeigt seine wahre Pracht erst nach mehreren Jahren, wenn sich die seltsam gebogenen Zweige ausgebreitet haben. Richtig schön wirkt der Strauch, wenn das „verknitterte" Laub gefallen ist und die nackten Zweige und hübschen Kätzchen zur Geltung kommen. Vermehrung durch halbreife Stecklinge im Sommer. Wächst auf jedem Boden und an jedem Standort.

***Cotoneaster* spp.** (Zwergmispel) Es gibt viele Zwergmispeln, die vor allem wegen ihrer farbenprächtigen Beeren in Rot, Orange und Gelb sehr beliebt sind. Manche Arten (besonders *C. horizontalis*) säen sich selbst aus. Einige interessante Vertreter, geordnet nach Blattgröße (von groß bis klein) sind: *C. bullatus*, *C. frigidus* 'Cornubia', *C. dammeri*, *C. frigidus*, *C. salicifolius* 'Rothschildianus', *C.* x *watereri* 'John Waterer', *C. conspicuus* 'Decorus', *C. horizontalis*, *C. microphyllus* und *C. nitidus*. Vermehrung durch halbreife Stecklinge im Spätsommer. Zwergmispeln wachsen auf jedem Boden in der Sonne oder im Halbschatten.

Die Schneebeere (*Symphoricarpos albus*) ist ein weitverbreitetes Gehölz mit leuchtendweißen, schwammigen Beeren, die lange Zeit auch an den kahlen Zweigen verbleiben. Da sich der Strauch stark durch Ausläufer vermehrt, wird er in seiner nordamerikanischen Heimat häufig als dichte Grenzbepflanzung verwendet.

***Pyracantha* spp. und Kultivare** (Feuerdorn) Immergrüne Sträucher, die meist vor Mauern oder Wänden gepflanzt werden. Beliebt sind sie nicht nur wegen der kleinen Blättchen, sondern vor allem wegen der attraktiven Beeren in Rot-, Orange- und Gelbtönen. *P.* 'Orange Glow' und *P.* 'Golden Charmer' haben orangefarbene bzw. goldgelbe Beeren; *P.* 'Watereri' wächst sehr kompakt und trägt leuchtendrote Früchte; *P. rogersiana* 'Flava' hat dunkelgrüne, schmale Blättchen und knallgelbe Beeren; *P. atalantioides* hat große glänzende Blätter und Büschel hellroter Beeren, die sich lange halten. Vermehrung durch Stecklinge im Spätsommer. Bevorzugt gut wasserdurchlässigen Boden in der Sonne oder im Halbschatten.

***Rosa* spp. und Kultivare** (Strauchrose) Sehr viele Rosen verfärben sich im Herbst und tragen auffällige Hagebutten. Die Früchte können rund und groß sein oder lang und birnenförmig. *R. rugosa* 'Scabrosa' hat besonders große, rote Früchte. Zu Beginn des Herbstes bietet sie einen besonderen Reiz: Hagebutten, neue, duftende rosa Blüten und goldfarbenes Laub. *R.* 'Blanche Double de Coubert' wird zu einem großen Strauch, dessen Zweige im Herbst mit buttergelben Blättern bedeckt sind. *R. foliolosa* hat rotüberzogene Zweige und gefiederte Blätter sowie Büschel rostigroter Hagebutten. *R. californica* 'Plena' ist ein aufrechtwachsender, breiter Strauch mit weißen Blüten, gefolgt von vielen kleinen, dunkelroten Hagebutten zwischen gelblichen Blättern. Rosen bevorzugen wasserdurchlässigen Boden und einen sonnigen Standort.

Symphoricarpos albus (Schneebeere) Ein laubabwerfender Strauch, der im

Solitärbäume werden aus unterschiedlichen Gründen gewählt; ausschlaggebend sind häufig auch schöne Rinden und eine außergewöhnliche Wuchsform. (Links) Viele Ahorne haben besonders interessante Texturen und Farben wie *Acer forestii* 'Alice' mit ungewöhnlich strukturierter Rinde in leuchtendem Rot. (Rechts) Auch Birken, hier die Goldbirke *Betula ermanii*, haben wunderschöne, weißgescheckte Rinden.

Herbst und Winter schwammige, weiße oder rosa Beeren trägt. Vermehrung durch Ausläufer. Bevorzugt feuchten Boden in der Sonne oder im Schatten.

Bäume

***Acer* spp.** (Ahorn) *A. forestii* 'Alice' ist ein kleiner laubabwerfender Baum mit gerillter Rinde, bei jungen Gehölzen in schönem Korallenrot. *A. griseum* (Grauahorn) hat eine rötliche Schälrinde. *A. capillipes* hat silber-grün gestreifte Rinde. Ahorne wachsen auf jedem Boden in der Sonne oder im Halbschatten.

Arbutus unedo (Erdbeerbaum) Mittelgroßer Baum mit glänzend roten Früchten, die leider ohne Geschmack sind. Ältere Bäume haben weiche, titianrote Rinde und leuchtendgrünes Laub. Ein schönes Solitärgehölz. In kalten Regionen ist Winterschutz erforderlich. Der Erdbeerbaum benötigt einen gut wasserdurchlässigen Boden in der Sonne.

Betula pendula (Sandbirke) 'Youngii', *B. jacquemontii* und *B. ermanii* 'Grayswood Hill' haben weiße Rinden. Mittelgroße, laubabwerfende Bäume. Das Laub färbt sich im Herbst buttergelb. Für jeden Boden geeignet.

Calocedrus decurrens (Weihrauchzeder) Immergrünes, sehr schlankes, säulenförmiges Nadelgehölz. Die fächerförmigen Äste wachsen nach oben. Der Stamm zeichnet sich durch eine wohlriechende, rötliche Rinde aus. Der Baum wird sehr hoch und wächst auf jedem Boden in der Sonne.

***Eucalyptus* spp.** (Eukalyptus) Immergrüne Gehölze mit ungewöhnlichem Laub (*siehe S. 127*) und sehr attraktiven

(Links) Die Rinde des Eukalyptus *Eucalyptus pauciflora* ist typisch für die eleganten Farben und ungewöhnlichen Texturen dieser Exoten; zusammen mit dem graugrünen oder blaugrauen Laub wirken sie im Garten vornehm zurückhaltend, ganz anders als die Schirmkiefer *Pinus pinea* (rechts) mit ihrem auffälligen, schirmförmigen Wuchs und sehr stark strukturierter Rinde.

Rinden. *E. pauciflora* hat wunderschöne Schlangenhautrinde in Grau und Creme. *E. johnstonii* ist ein großer Baum mit rötlicher Rinde. Eukalyptus wächst sehr schnell. Sie lieben tiefgründigen Boden und einen geschützten Standort in der Sonne oder auch im Halbschatten.

***Pinus* spp.** (Kiefer) Die Schirmkiefer *P. pinea* ist ein auffälliges, immergrünes Nadelgehölz, flachkronig und schirmförmig. Die Rinde ist rauh und rotbraun. *P. densiflora* 'Umbraculifera', die Japanische Rotkiefer, wird nur etwa 3 m hoch, entwickelt sich aber langsam zu einem eleganten, sehr breitausladenden Bäumchen. *P. bungeana* (Tempelkiefer) bildet oft mehrere Stämme aus. Die interessante blätternde Rinde ist blaßgrau-grün; wo sie abblättert, ist der Stamm weiß, braungelb, rostrot und grün gescheckt. Diese Nadelgehölze gedeihen auf jedem Boden in der Sonne oder im Halbschatten.

***Prunus* spp.** Sehr große Gruppe laubabwerfender oder immergrüner Bäume. *P. serrula* wird wegen seiner glänzenden, dunkelroten, abschilfernden Borke geschätzt. Wächst auf jedem Boden in der Sonne und gedeiht auch gut in kalkhaltiger Erde. *Prunus* 'Taihaku', die großblumige weiße Kirsche, ist in der Blütezeit kaum zu übertreffen. Im zeitigen Frühjahr erscheint das frische Laub rotüberzogen, dann folgen die großen Büschel mit reinweißen Blüten. Der Baum hat einen aufrechten, breiten Wuchs. Im Herbst färben sich die Blätter rostrot und gold. Ein mittelgroßer, laubabwerfender Baum, der auf jedem Boden, auch auf kalkhaltigem, gedeiht. Alle Vertreter dieser Gruppe bevorzugen einen sonnigen Standort.

Pflanzenliste

Überblick über geeignete Standorte für die Pflanzen aus dem Pflanzenlexikon. Einige Einträge erscheinen mehrfach.

Frischer bis feuchter Boden in der Sonne

Abies spp. (Tanne)
Acer palmatum (Japanischer Ahorn)
Arundo donax 'Variegata' (Pfahlrohr)
Carex spp. (Segge)
Cercis canadensis (Judasbaum)
Cornus spp. (Hartriegel)
Cotinus spp. (Perückenstrauch)
Gunnera manicata (Mammutblatt)
Houttuynia cordata 'Chameleon'
Liquidambar styraciflua (Amberbaum)
Lysichiton camtschatcensis (Scheincalla)
Miscanthus sinensis (Chinaschilf)
Molinia caerulea ssp. (Pfeifengras)
Musa basjoo und *M. acuminata* (Banane)
Nyssa sylvatica (Tupelobaum)
Persicaria virginiana 'Painter's Palette'
Phyllostachys spp. und Kultivare (Bambus)
Ricinus communis (Wunderbaum)
Rodgersia podophylla (Schaublatt)
Salix lanata (Wollweide)
Zantedeschia aethiopica (Zimmercalla)

Frischer bis feuchter Boden im Schatten oder Halbschatten

Adiantum venustum (Frauenhaarfarn)
Ajuga reptans (Kriechender Günsel)
Arum italicum 'Marmoratum' (Aronstab)
Asplenium scolopendrium (Hirschzungenfarn)
Astilboides tabularis (Tafelblatt)
Athyrium niponicum (Regenbogenfarn)
Carex spp. (Segge)
Cornus spp. (Hartriegel)
Dicksonia antarctica (Baumfarn)
Filipendula ulmaria 'Aurea' (Mädesüß)
Fothergilla spp. (Federbuschstrauch)
Gunnera manicata
Hakonechloa macra (Japanwaldgras)
Hedera helix (Efeu)
Hosta spp. und Kultivare (Funkie)
Houttuynia cordata 'Chameleon'
Hydrangea sargentiana (Hortensie)
Liquidambar styraciflua (Amberbaum)
Lysichiton camtschatcensis (Scheincalla)
Lysimachia nummularia (Pfennigkraut)
Matteuccia struthiopteris (Straußenfarn)
Milium effusum 'Aureum' (Flattergras)
Miscanthus sinensis (Chinaschilf)
Phyllostachys spp. (Bambus)
Polystichum setiferum (Schildfarn)
Pulmonaria spp. (Lungenkraut)
Veratrum nigrum (Germer)
Viburnum spp. (Schneeball)
Zantedeschia aethiopica (Zimmercalla)

Wasserdurchlässiger Boden in der Sonne

Acanthus spp. (Akanthus)
Agave spp. (Agave)
Arbutus unedo (Erdbeerbaum)
Artemisia ludoviciana (Beifuß)
Aruncus dioicus 'Kneiffii' (Geißbart)
Berberis thunbergii 'Red Pillar' (Berberitze)
Canna musifolia 'Striata' (Blumenrohr)
Cordyline australis (Keulenlilie)
Cornus controversa 'Variegata' (Hartriegel)
Cryptomeria japonica (Sicheltanne)
Cupressus sempervirens (Zypresse)
Cynara cardunculus (Artischocke)
Echeveria lindsayana
Elaeagnus angustifolia und *E.* x *ebbingei* 'Limelight' (Ölweide)
Eryngium bourgatii 'Oxford Blue' (Distel)
Eucalyptus spp. (Eukalyptus)
Euphorbia spp. und Kultivare (Wolfsmilch)
Festuca glauca (Blauschwingel)
Ficus carica (Feige)
Geranium sessiliflorum (Storchschnabel)
Gleditsia triacanthos (Lederhülsenbaum)
Helictotrichon sempervirens (Wiesenhafer)
Helleborus x *sternii* (Sternrose)
Hordeum jubatum (Mähnengerste)
Juniperus spp. (Wacholder)
Magnolia grandiflora (Magnolie)
Melianthus major (Honigsrauch)
Nandina domestica (Nandine)
Nothofagus fusca (Scheinbuche)
Ophiopogon planiscapus 'Nigrescens' (Schlangenbart)
Origanum vulgare 'Aureum' (Dost)
Pennisetum spp. (Federborstengras)
Perilla frutescens (Schwarznessel)
Perovskia atriplicifolia (Silberstrauch)

Acer palmatum (Japanischer Ahorn)

Dicksonia antarctica (Baumfarn)

Stachys byzantina (Wollziest)

Phormium tenax (Neuseeländischer Flachs)
Picea pungens glauca (Stechfichte)
Pinus wallichiana (Tränenkiefer)
Populus tremuloides (Pappel)
Prunus cerasifera (Kirschpflaume)
Prunus lusitanica (Lorbeerkirsche)
Prunus sargentii (Berg-Kirsche)
Pyracantha spp. und Kultivare (Feuerdorn)
Pyrus salicifolia 'Pendula' (Birnbaum)
Quercus spp. und Kultivare (Eiche)
Rosa spp. und Kultivare (Rose)
Rosmarinus officinalis 'Aureus' (Rosmarin)
Ruta graveolens (Raute)
Salvia officinalis und Kultivare (Salbei)
Sedum spp. (Fetthenne)
Stachys byzantina (Wollziest)
Stipa spp. (Federgras)
Symphoricarpos albus (Schneebeere)
Thymus spp. und Kultivare (Thymian)
Trachycarpus fortunei (Hanfpalme)
Verbascum olympicum (Königskerze)
Vitis spp. und Kultivare (Weinrebe)

Wasserdurchlässiger Boden im Schatten oder Halbschatten

Acanthus spp. (Bärenklau)
Aruncus dioicus 'Kneiffii' (Geißbart)
Berberis thunbergii 'Red Pillar' (Berberitze)
Chasmanthium latifolium
Cornus controversa 'Variegata' (Hartriegel)
Cryptomeria japonica (Sicheltanne)
Elaeagnus angustifolia (Ölweide)
Eupatorium purpureum (Wasserdost)
Euphorbia spp. und Kultivare (Wolfsmilch)
Hamamelis mollis (Zaubernuß)
Humulus lupulus 'Aureus' (Goldhopfen)
Juniperus spp. (Wacholder)
Lunaria annua 'Alba Variegata' (Silberling)
Nothofagus fusca (Scheinbuche)
Ophiopogon planiscapus (Schlangenbart)
Parthenocissus quinquefolia (Wilder Wein)
Phormium tenax (Neuseeländischer Flachs)
Picea pungens glauca (Stechfichte)
Prunus lusitanica (Lorbeerkirsche)
Pyracantha spp. und Kultivare (Feuerdorn)
Stachys byzantina (Wollziest)
Symphoricarpos albus (Schneebeere)
Vitis spp. und Kultivare (Weinrebe)

Jeder Boden – Schatten, Halbschatten

Acer spp (Ahorn)
Alchemilla mollis (Frauenmantel)
Alnus glutinosa 'Imperialis' (Schwarzerle)
Astrantia major (Große Sterndolde)
Azara microphylla
Brassica oleracea (Wilder Kohl)
Briza maxima (Zittergras)
Corylus avellana 'Contorta' (Korkenzieherhasel)
Cotoneaster spp. (Zwergmispel)
Hedera colchica (Efeu)
Ilex spp. (Stechpalme)
Pinus spp. (Kiefer)
Taxus spp. (Eibe)
Vinca major 'Variegata' (Immergrün)

Jeder Boden in der Sonne

Acer spp. (Ahorn)
Actinidia kolomikta (Strahlengriffel)
Alchemilla mollis (Frauenmantel)
Alnus glutinosa 'Imperialis' (Schwarzerle)
Astrantia major 'Sunningdale Variegated' (Große Sterndolde)
Azara microphylla
Betula spp. (Birke)
Brassica oleracea (Wilder Kohl)
Briza maxima (Zittergras)
Calocedrus decurrens (Flußzeder)
Catalpa bignonioides 'Aurea' (Trompetenbaum)
Corylus avellana 'Contorta' (Korkenzieherhasel)
Cotoneaster spp. (Zwergmispel)
Elymus magellanicus (Haargerste)
Eriobotrya japonica (Japanische Mispel)
Fagus sylvatica (Rotbuche)
Geranium macrorrhizum (Storchschnabel)
Hedera colchica 'Dentata Variegata' (Efeu)
Hedera colchica 'Sulphur Heart' (Efeu)
Ilex spp. (Stechpalme)
Koeleria vallesiana (Schillergras)
Koelreuteria paniculata (Blasenbaum)
Lychnis coronaria (Vexiernelke)
Phalaris arundinacea (Rohrglanzgras)
Pinus spp. (Kiefer)
Prunus spp. (Kirsche)
Rheum palmatum (Rhabarber)
Robinia pseudoacacia 'Frisia' (Robinie)
Rosa rubrifolia (Wildrose)
Rubus spp. (Himbeere, Brombeere)
Taxus spp. (Eibe)
Vinca major 'Variegata' (Immergrün)

Berberis thunbergii 'Red Pillar' (Berberitze)

Alchemilla mollis (Frauenmantel)

Astrantia major 'Sunningdale Variegated'

Register

Kursive Seitennummern beziehen sich auf Abbildungen.

Sedum spectabile 'Autumn Joy'

Rosa Rugosa 'Scabrosa'

Literaturhinweise

Chatto, Beth: *Im grünen Reich der Stauden.* Der neue englische Staudengarten. Stuttgart 1991

Ehrhardt, Anne; Ehrhardt, Walter: *PPP – Index*, mit CD-ROM. Pflanzenführer für Europa.
Bezugsquelle für mehr als 60.000 Pflanzenarten.
Deutsch – Englisch – Französisch. 2. Auflage. Stuttgart 1995

Frank, Dieter: *Botanicus-Brief*
(zu beziehen über Fax: 069/96 87 0-222;
hier ist auch eine ständig aktualisierte Liste der Botanischen Gärten in Deutschland zu bekommen; eine für Österreich und die Schweiz ist in Vorbereitung)

Hansen, Richard; Stahl, Friedrich:
Die Stauden und ihre Lebensbereiche in Gärten und Grünanlagen. Mit Pflanzenlisten.
4. durchgesehene Auflage. Stuttgart 1990

Vertrees, J. D.: *Japanische Ahorne.* Stuttgart 1993

Bund deutscher Baumschulen (BdB) e. V.:
Mitgliederverzeichnis 1996/97.
2. aktualisierte Auflage. Pinneberg 1995
(zu beziehen über Fax: 04101/20 59 31)

Bildnachweis

Brian Carter/Garden Picture Library 114 (rechts): David England/Garden Picture Library 115 (rechts); John Glover/ Garden Picture Library 115 (links), 112

Clive Nichols möchte all jenen Gartendesignern, Organisationen und Gartenbesitzern danken, die ihm die Möglichkeit zum Fotografieren der Bilder auf folgenden Seiten gaben:

7 Preen Manor, Shropshire; 11 Herterton House, Northumberland; 12 High Beeches Garden, West Sussex; 13 The Sir Harold Hillier Gardens and Arboretum, Hampshire; 15 Bourton House, Gloucestershire; 16 Designerin Olivia Clark; 17 Designerin Jill Billington; 18 Hatfield House, Hertfordshire; 19 Wollerton Old Hall, Shropshire; 20 Designerin Olivia Clark; 21 (links) La Casella, Frankreich (rechts) The Huntington Botanical Gardens; 23 Harcourt Arboretum, Oxfordshire; 26 City of Bath Botanical Gardens; 27 Ling Beeches, Yorkshire; 28 (links) Designerin Sheila Jackson, London (rechts) Designerin Sharon Osmond, San Francisco, California; 29 Herterton House, Cambo, Northumberland; 32 Winkworth Arboretum, Surrey; 34 (links unten) Ling Beeches, Yorkshire; 35 (unten links) Ling Beeches, Yorkshire (rechts) Spinners, Hampshire; 36 The Royal Horticultural Society's Garden, Wisley, Surrey; 37 The Manor House, Walton-in-Gordano, Bristol; 38 (links) Chenies Manor House, Buckinghamshire (rechts) Designerin Olivia Clark; 40 (links) Longacre, Kent; 41 Designer Rupert Golby; 42 The Herb Farm, Sonning, Berkshire; 44 Ling Beeches, Yorkshire; 49 The Dingle, Welshpool, Powys; 51 The Valley Gardens, Surrey; 52-55 Wollerton Old Hall, Shropshire; 61 The Old Rectory, Sudborough Northamptonshire; 66-69 Hadspen House Garden and Nursery, Designerinnen Sandra und Nori Pope; 77 Lower House Farm, Gwent; 79 The Dingle, Welshpool, Powys.

CALLWEY

Die Bücher.

Gartenräume voll Phantasie und Symmetrie. Die Vielfalt der Schnittmöglichkeiten zeigt Wolfgang H. Niemeyer an beeindruckenden internationalen Beispielen. Farbenprächtige, stimmungsvolle Bilder und handfeste Hinweise zum richtigen Formschnitt machen das Buch sowohl zum kompetenten Ratgeber als auch zu einer Quelle der Inspiration.

Wolfgang H. Niemeyer
Geschnittene Gartenkunst
128 Seiten, 135 farbige Abbildungen und 65 Zeichnungen. Gebunden.

GESTALTETE GÄRTEN

Heidi Howcroft
Das Pflaster im Garten
128 Seiten, 148 Abbildungen, 27 Zeichnungen. Gebunden.

Atmosphäre auf Schritt und Tritt. Terrassen, Treppen und Wege prägen das Bild eines Gartens. Heidi Howcroft zeigt anhand brillanter Farbfotos unzählige Gestaltungsmöglichkeiten mit Pflaster im Garten. Praktische Anleitungen sowie ökologische Aspekte machen das Buch zum unverzichtbaren Begleiter bei der Planung des richtigen Bodenbelags.

CALLWEY VERLAG
MÜNCHEN